... und dann kamst du!

. . . und dann kamst du!

Erlebnisbuch

51 Autoren, Kinder, Jugendliche, Erwachsene und Senioren, Menschen mit und ohne Behinderung, schildern in mehr als 60 Beiträgen beeindruckende Erlebnisse und Begegnungen, aus denen sie Lebensfreude schöpfen.

Herausgeber: vkm Regensburg
Verein für körper- und mehrfachbehinderte Menschen e. V.
Idee: Christa Weiß – Buchtitel: Sandra Roggenbuck
Redaktion: Engelbert Weiß

Bibliografische Information der Deutschen Nationalbibliothek:
Die Deutsche Nationalbibliothek verzeichnet diese Publikation in der Deutschen Nationalbibliografie; detaillierte bibliografische Daten sind im Internet über http://dnb.dnb.de abrufbar.

© 2019 vkm Regensburg, Christa und Engelbert Weiß (Hrsg.)
www.vkm-regensburg.de

Lektorat: Renate Wienbreyer
Titelbild: Petra Schitko
Titelgestaltung: pr-isolde hilt/Alexander Nuißl
weitere Mitwirkende: vkm-Vorstandsteam
Fotos: Soweit nicht anders gekennzeichnet, von den Autoren der Texte

Herstellung und Verlag: BoD – Books on Demand, Norderstedt

ISBN: 9783750407619

Inhaltsverzeichnis

Kraft tanken und Mut schöpfen

Jeder kennt Herausforderungen, der eine mehr, der andere weniger. Es gibt Herausforderungen des Lebens, die lassen sich leichter bewältigen, andere begleiten vielleicht sogar ein Leben lang. Bei manchen Menschen ist es für andere offensichtlich, dass sie stärker gefordert sind, bei anderen vermuten Mitmenschen keinerlei Sorgen und sind ziemlich überrascht, wenn sie erfahren, welchen Herausforderungen ihre Freunde oder Bekannten begegnen und was sie alles bewältigen müssen.

50 Jahre vkm Regensburg sind ein besonderer Anlass, beeindruckende Erlebnisse, außerordentliche Erfahrungen, die Bewältigung verschiedenster Herausforderungen zu sammeln und weiterzugeben. So hat sich der Regensburger Verein für körper- und mehrfachbehinderte Menschen entschlossen, zum Vereinsjubiläum dieses besondere Buch herauszugeben. Mit dem anspruchsvollen Titel „... und dann kamst du!" konnten viele zunächst wenig anfangen und fühlten sich überfordert. Umso erstaunlicher ist das Ergebnis: 50 Autoren aus vielen gesellschaftlichen Bereichen haben schließlich Beiträge abgeliefert, die staunen lassen, ja faszinieren. Menschen mit und ohne Behinderung zeigen eine bunte Vielfalt von Wegen auf, Herausforderungen zu bewältigen. Sie trösten, stützen und ermutigen. Mit Berichten, Gedanken, Gedichten, Liedern, Bildern oder anderen Kunstwerken vermitteln sie Lebensfreude.

Und das Leben besteht nicht nur aus Herausforderungen. In unserem Alltag erleben wir viele Begegnungen, die das Leben positiv gestalten und erheitern. Wichtig ist, dass jeder Mensch Teil dieser Gesellschaft sein kann, teilhaben und auch mitgestalten kann.

Für mich ist es immer wieder faszinierend, wie Menschen Begegnungen unterschiedlichster Art erleben, sie gestalten, gemeinsam Spaß und Freude haben. Menschen suchen sich die Herausforderung nicht aus, sie lassen sie zu, sie nehmen sie an. Im Hier und Jetzt zu stehen, durch andere Halt zu erfahren schafft Vertrauen und Zuversicht. Daher freut es uns, dass so viele Menschen mit und ohne Behinderung der Einladung gefolgt sind, ihre Erfahrungen anderen mitzuteilen. Alltägliches wird zu etwas Besonderem, Besonderes wird zu einer alltäglichen Lebensbewältigung.

Die Erzählungen sollen Mut machen und Lebensfreude wecken. Zugleich unterstützen sie die Arbeit des vkm Regensburg. Der Erlös aus dem Verkauf des Buches kommt der inklusiven Arbeit des vkm Regensburg zugute.

Uns war es wichtig, die Beiträge so abzudrucken, wie sie uns erreicht haben. Wir danken allen, die an der Entstehung dieses Buches mitgewirkt haben und andere Menschen an ihrer besonderen Begegnung, ihrer besonderen Herausforderung teilhaben lassen. Sie vermitteln damit Zuversicht und eröffnen Perspektiven.

Christa Weiß
Vorsitzende des vkm Regensburg

DU *

was wäre ich
ohne **DICH**?

Text: Isolde Hilt • Grafische Gestaltung: Alexander Nuißl

Blind, aber lebensfroh und zufrieden

„Ja" sagt seine Mutter, „und dann kam er!"
Wir sitzen im Schatten einer alten Birke, umgeben von leuchtenden Gera-
nien in weißen Kästen, von fleißigen Lieschen, kleinen Büschen. Ein kleiner

Brunnen plätschert leise. „Den haben
wir in Netzstall ausgesucht", sagt Hanno
später. Wir? - denke ich - ausgesucht? Ist
Hanno nicht blind? Noch warten wir auf
ihn – gleich wird er von der Arbeit kommen.
„Vier Monate war er alt, als er mir als
mein neues Kind in die Arme gelegt
wurde. Und da ist er heute noch. Nein,
nicht unbedingt in den Armen, aber im
Herzen, in den Gedanken, in allem, was
mich und unsere ganze großgewordene
Familie ausmacht.
Ich war damals Kinderdorfmutter und
nun hatte ich zu meinen sieben großen Kindern noch ein kleines bekommen.
Er war das hübscheste, zauberhafteste Baby, das ich kannte. Fünf Monate
waren wir glücklich miteinander, seine Geschwister und ich, aber dann kam
die Krankheit: Hydrocephalus!
Viele Operationen am Kopf folgten – es war die schlimmste Zeit in meinem
Leben.

 - - - Und dann war er blind - - -."

„In den nächsten Jahren lernte ich meinen Mann kennen – Witwer mit vier
Kindern. Sollte ich? Würde ich, würden wir alle es schaffen? Aber schließlich
machte mir meine Erfahrung als Kinderdorfmutter Mut.
Nur - - - ohne Hanno? Nie!!!"
Hannos Mutter macht eine Pause und ich ahne, welche Gedanken damals
von allen gewälzt wurden: der Tod der Mutter, eine neue Frau, ein blindes
Kind? Indessen war auch schon klar, dass Hanno nie eine Regelschule besuchen könnte. Pläne, Zweifel, Ängste. Liebe!!!
Als er viereinhalb Jahre alt war, musste Hanno sich von seinen sieben „Ge-
schwistern" verabschieden und bekam vier neue und einen Papi dazu. „Pfle-
gevater!" betont Hanno später, und „es ist das Schönste in meinem Leben,
dass meine Pflegeeltern mich behalten haben! Meine richtige Mutter
konnte mich ja nicht behalten."
Einen Moment halte ich die Luft an. Sieht er sie nicht als seine richtigen Eltern? „Nein", sagt seine Mami, „es ist für die Kinder ganz wichtig, dass sie
von Anfang an die Wahrheit erfahren – irgendwann später kommen sonst
Unsicherheiten und schmerzhafte Fragen."
„Natürlich gab es auch Streit und Türenknallen, natürlich hatten die Großen
nicht immer Lust, auf den Kleinen und seine Blindheit Rücksicht zu nehmen,
aber er war ein so liebenswürdiger kleiner Kerl, dass sie ihm nie lange böse
sein konnten. Wieder hat mir meine Erfahrung als Kinderdorfmutter sehr geholfen, ich hatte ja gelernt, Konflikte zu lösen."
Mit sieben kam Hanno dann in die Schule. In München gab es eine Blinden-
schule mit angeschlossenen Förderklassen. „Was für ein Segen, dass es so
etwas gibt!", sagt Hannos Mutter. Er lernte die Blindenschrift, das Gehen
mit dem weißen Stock, das Ballspielen mit anderen Kindern. „Man konnte
nicht glauben, dass diese Kinder blind sind", sagt seine Mutter, „sie rannten,
tobten, purzelten über den Platz wie alle anderen Kinder auch. Was für eine
Freude!"

Auch das genaue Tasten, Fühlen, Hören hat Hanno dort gelernt und mich wundert jetzt nicht mehr, dass er gesagt hatte, „den Brunnen haben **w i r** ausgesucht". Die „Schwarzschrift" freilich hat er nicht in der Schule gelernt, das hat ihm seine Mutter zu Hause beigebracht.

Schwarzschrift? Hanno erklärt es mir: „Also – ich hole mir Großschriftbücher aus der Bibliothek, dann habe ich ein Gerät, das 60fach vergrößert und damit erkenne ich die schwarzen Buchstaben. Nicht ganz gut, aber es geht schon so."

Großschrift plus 60fach, denke ich und probiere es später am PC aus. Die Überschrift „Und dann kamst du" passt genau auf eine DIN A4 Seite im Querformat. Buchdruck ist aber Hochformat und selten DIN A4! Also so etwa kann er lesen:

Und dann kamst du!

Der Lesestoff – Buch oder Blatt – wird unter einem Bildschirm auf einer Plattform mit den Händen von links nach rechts oder bei Zeilenende von oben nach unten geschoben. So kann man den Text flüssig lesen.

Mit 17 Jahren ist die Schulzeit für Hanno beendet. Er kommt wieder nach Regensburg und arbeitet hier in der Lebenshilfe. Von acht bis 16 Uhr ist seine Arbeitszeit. Er bekommt Urlaub, ein Gehalt und zahlt Steuern wie jeder andere Arbeitnehmer auch. „Aber, wenn gerade ein Kurs angeboten wird, Ergotherapie oder Sport oder Musik z.B., dann sagt unser Werkstattmeister: Geh mal da hin!", erzählt Hanno. Seit 25 Jahren arbeitet er nun schon in der Einzelmontage für BMW und Delphi.

Zuhause hilft Hanno auch, er geht zum Bäcker, entsorgt den Müll, bringt den Gartenabfall zum Grünplatz, hilft beim Tischdecken. Und vor allem: „Ich helfe dem Papi beim Anziehen! Der kann das nämlich nicht mehr alleine." Sein Vater bestätigt das gerne. „Ohne Hanno könnte meine Frau manches nicht schaffen." Was für eine wunderbare Nähe, denke ich. Wie ist es oft bei anderen Familien so anders.

Aber das Schönste an der Arbeit und überhaupt im Leben ist für Hanno die Musik. In der Lebenshilfe haben sie den „Werkstattexpress" gegründet. Zitat Helmut Wanner, MZ vom 16. Juni 2018: *Seinen Leadsänger Hanno Stiller bezeichnet er als „Stimmgerät auf zwei Beinen. Er ist ein sehbehinderter Absoluthörer." Seine Interpretation des Liedes Himmelblau hat die Band vor fünf Jahren nach oben katapultiert, zu „der" inklusiven Band Bayerns. Stiller, der nur zwischen Hell und Dunkel unterscheiden kann, hatte vom Gipfelerlebnis bei einer Bergwanderung erzählt. Süttner machte daraus den Song „Himmelblau" und reichte ihn beim Wettbewerb Wiesn-Hit 2013 der TZ ein. Die Jury machte den Titel zur Nummer 1 unter 200 Teilnehmern.*

Was für ein Erfolgserlebnis! Mit Recht kann man da stolz und glücklich sein. Aber dann wird Hanno nachdenklich. „Also nein, das wirklich Schönste im Leben ist, dass ich meine Familie habe, meine Pflegeeltern und meine Geschwister."

„Was würden Sie jungen Paaren raten, wenn sie bei der Frühdiagnostik erfahren, ihr Kind würde behindert sein?", frage ich Hannos Mutter. Nach einer Nachdenkpause: „Ein Kind ist ein Geschenk – ich könnte es nicht ablehnen! Und sehen Sie, Hanno kam sogar gesund zur Welt. Und wie andere Eltern mit schwieriger Pubertät umgehen müssen oder mit Ausreißern oder mit Drogenproblemen, so hatten wir andere Aufgaben. Zu keiner Zeit hätte ich **mein** Kind nicht haben wollen!

Wie wunderbar, dieses Leben mit … und dann kamst du!"

Interview: Eva Witt mit G. und H. Stiller

Eine große Lücke geschlossen

Als meine Mutter Anneliese in fortgeschrittenem Alter starb, hat sie eine große Lücke in meinem Leben hinterlassen. Die gemeinsame Zeit mit ihr und das sich Kümmern um sie, als sie zunehmend hilfebedürftig war, füllte meine freie Zeit auf eine schöne, aber auch fordernde Art. Auf der Suche nach etwas, das diese Lücke füllen konnte, suchte ich eine Tätigkeit, bei der ich anderen helfen konnte. Also bot ich einer Freundin, die eine behinderte Tochter Teresa hat, die ein Jahr älter als meine eigene Tochter ist, an, sie einmal pro Woche zur Reittherapie zu fahren. Ich sah, wie Teresa auf dem Pferd aufblühte und auf dem Pferd selbstbewusst und selbständig agierte, was man bei ihr sonst im Alltag so nicht sah. Ich selber kam dadurch zum ersten Mal mit Pferden in Kontakt, was eine sehr bereichernde Erfahrung war. Ich saß also mit über 50 zum ersten Mal auf einem Pferd, putzte und führte das Pferd und merkte, dass mir das sehr gut tat und mir auch aus meiner Trauer heraushalf. So hat mir Teresa unversehens geholfen und auch die Reittherapeuten und Pferde vom vkm. Und deshalb kann ich nicht nur sagen „und dann kamst du", sondern auch „und dann kamt ihr". Danke!

Petra Schitko, Regensburg

dann
und kamst Du ?

Als Ich im Sommer meinen
Papa besuchte gab es für mich
eine Große überraschung.
Ich konnte es kaum glauben.
Vor mir stand eine Emma,
mein Boot. Das Boot hat mein
Papa gebaut. Ich fahre viel
mit meinem Boot über den See.
Ich fahre viel zur insel,
mit meinem Boot. Ich fahre
viel ans land mit Boot zum
einkaufen. Ich schlafe auch
in meinem Boot. Ich lesse
und höre Musik in meinem
Boot. mein Boot trägt mich
schon seit 2008. Als mein Boot
neu war wusste Ich nicht wie
Ich damit fahren sollte
Anfangs fuhr Ich
mit Boot ins Riet. weil, wie
steuere ich das Boot, weil Ich
es noch lernen musste, heute
kann Ich gut steuern!

Die Emma hat mein Papa selbst für mich gebaut

Als ich im Sommer meinen Papa besuchte, gab es für mich eine große Über-raschung: Ich konnte es kaum glauben. Vor mir lag ein Boot, meine Emma!

Das Boot hat mein Papa selbst gebaut. Jetzt fahre ich viel mit meinem Boot über den See. Und ich fahre mit meinem Boot oft zur Insel. Ich fahre mit meinem Boot auch oft ans Festland zum Ein-kaufen. Und ich schlafe auch auf meinem Boot. Auf meiner Emma lese  ich auch gerne und höre Musik. Mein Boot trägt mich schon seit 2008. Als mein Boot neu war, wusste ich nicht, wie ich damit fahren sollte. Anfangs fuhr ich mit meinem Boot oft ins Riet, weil ich meine Emma noch nicht so gut steuern konnte. Ich musste es erst lernen. Heute kann ich schon sehr gut steuern. Und das Fahren mit meiner Emma macht mir riesigen Spaß!

Anonym

Eine völlig neue Sichtweise

Als Politiker ist man häufig mit Gesetzen beschäftigt, für einige sogar mitverantwortlich. Aber viele dieser gesetzlichen Regelungen spielen dann in der Lebenswelt scheinbar keine so große Rolle mehr.

Derzeit beschäftigt mich und meine Mitarbeiter des Bezirks Oberpfalz vor allem das neue BTHG, das Bundesteilhabegesetz. Das BTHG erfordert eine völlig neue Sichtweise, wie an das Thema Inklusion herangegangen wird. Ich betone dabei immer wieder: „Wir wollen den Menschen mit Behinderung im Mittelpunkt haben!" Dieser definiert seine Ansprüche, wo und wie er leben möchte.

Da erinnere ich mich an eine Gesprächsrunde in einer Werkstatt für Menschen mit Behinderung Ende letzten Jahres zum Thema „Budget für Arbeit". Kurz nach dem Ende des Gesprächs übergab mir ein Mitarbeiter der Werkstatt für Menschen mit Behinderung einen handgeschriebenen Brief. In dem Brief hat er konkret und durchaus nachvollziehbar einige Mängel aus seiner Sicht dargestellt und um Nachbesserung gebeten. Da ging es z. B. um gerechte Entlohnung, einen gut ausgestatteten und ansprechend gestalteten Arbeitsplatz oder das Essensangebot. Alles Dinge also, die jeder Beschäftigte in unserem Land auch fordert – und das ganz selbstverständlich und mit Recht.

Und auch, wenn es zunächst einmal eben eine „Herausforderung" war, haben mir dieser Brief und dieser Mitarbeiter sehr imponiert. Dass jemand seine Wünsche deutlich und vor allem selbstbewusst äußert, meine Aussagen als Politiker von kurz vorher wahr- und ernst nimmt, das fand ich wirklich gut. Und es hat mir gezeigt, dass meine Arbeit für den Bezirk wichtig ist und viele Menschen ganz konkret betrifft.

Der Verein für körper- und mehrfachbehinderte Menschen e.V. Regensburg trägt mit seiner Arbeit seit vielen Jahren dazu bei, dass Menschen mit Behinderung und ihre Angehörigen ihre Belange vertreten können und damit Gehör finden, genau wie der Mitarbeiter dieser WfbM. Dafür ein herzliches „Vergelt´s Gott".

Franz Löffler

Bezirkstagspräsident, Regensburg

Wie eine Begegnung mein Leben veränderte

Wie vielen Menschen man in seinem Leben begegnet, man kann die Zahl wohl nur schätzen. Es sind sicher viele tausende, die man in einer Lebensspanne trifft. Viele Menschen begegnen einem nur einmal. In der Bahn vielleicht. Viele Begegnungen sind flüchtig. Manche Menschen, es sind viel, viel weniger, die spielen eine Rolle im Leben. Vielleicht werden sie Freunde, begleiten einen eine Zeit lang, sind Seelentröster oder dankbare Trinkfreunde an langen Kneipenabenden. Über all diese Menschen möchte ich heute nicht schreiben. Ich schreibe über eine Begegnung, die viele Jahre zurückliegt – aber die mein Leben veränderte.

Als junger Mann, mit etwa 20, war ich ein ziemlich selbstverliebter, oberflächlicher Mensch. Ausgestattet mit der Arroganz der Jugend war mir mein Wohlbefinden im Prinzip wichtiger als das aller anderen. Ich war interessiert daran, schöne Kleidung zu tragen, es mussten natürlich Marken sein. Und eigentlich interessierte mich auch nur, wie man die Wochenenden möglichst feierlaunig verbringen konnte. In der Schule war ich nie der Beste, ganz im Gegenteil. Mich interessierte das Leben und nicht die Theorie.

Körperliche Zipperlein kennt man in diesem Alter meistens nicht. Ich war nie ein kränkelnder Mensch, ich bin es bis heute nicht. Insofern ärgerte ich mich über die Mandelentzündung, die dazu führte, dass ich ins Krankenhaus musste. Bei den Barmherzigen gab es damals noch den mehr oder weniger unsanierten Altbau mit Balkon. Und weil ich jung und dumm war, hatte ich nichts Besseres zu tun, als nach ein paar Tagen der Genesung wieder am Balkon zu stehen und eine zu rauchen.

Da begegnete ich einer Frau, die ich nie vergessen werde. Wir standen am Balkon, rauchten und es war ein herrlicher Sommertag, ich erinnere mich, als wäre es gestern gewesen. Wir kamen ins Gespräch. Die Frau war zwischen 40 und 50. Ich weiß nicht mehr genau, ob das stimmt, mit 20 sind Menschen ab 30 schlicht alt. Ich weiß nur, dass die Frau sehr fröhlich war und herzlich. Sie fragte mich, warum ich im Krankenhaus sei und ich erzählte ihr von den maladen Mandeln. Dann fragte ich: „Und warum sind Sie hier?" Sie sagte: „Ich bin mit meiner Tochter hier." Wir plauderten weiter und genossen die Sonnenstrahlen am Krankenhaus-Balkon.

Dann sagte sie: „Ich gehe meine Tochter holen, sie mag sicher auch ein wenig in die Sonne." Ich blieb und wartete. Als die Frau mit ihrer Tochter auf den Balkon kam, verstand ich, warum sie mit im Krankenhaus bleiben musste. Im Rollstuhl lag ein Häufchen Mensch. Die Mutter, die ich sah, hatte ein schwer körperlich und geistig behindertes Kind. Ich muss zugeben: Damit hatte ich überhaupt nicht gerechnet. Und man sah mir das leider auch an.

„Du musst dich nicht erschrecken", sagte sie zu mir. Ich stotterte herum: „Ich wusste ja nicht …" Mehr brachte ich nicht heraus. Und dann sagte sie diesen Satz, den ich noch heute höre, wenn ich an diese Begebenheit denke: „Ich habe von meiner Tochter nur Liebe erfahren." Ich weiß nicht genau, ob mein Gedächtnis das dazu dichtet. Aber das Bild in meinem Kopf zeigt sie mit ihrer Tochter im Sonnenschein – und es war warm und gut, spendete mir Trost.

Ich habe jene Begegnung zunächst vergessen. Aber sie ist eine der einprägendsten in meinem Leben geworden. Manchmal denke ich an diese Frau und ihre Tochter, deren Namen ich nicht einmal weiß. Denn diese Begegnung hat mich gelehrt, dass es im Leben nur um eines geht: Dass man jemanden hat, um den man sich kümmert. Den man liebt. Darum geht es im Leben: es geht darum, zu lieben.

Jahre später hatte ich wieder mit Menschen mit Behinderung zu tun. Es waren eigentlich immer besondere Begegnungen. Ich habe eine Psychologin kennengelernt, die spastisch gelähmt ist und der man zu ihrer Schulzeit nicht einmal zugetraut hatte, die Mittlere Reife abzuschließen, weil Lehrer das damals für unmöglich hielten. Dabei ist sie eine der intelligentesten Menschen, die ich kenne. Für mich vor allem faszinierend: Sie kann Dinge ihren Helfern vermitteln, die sie selbst niemals getan hat. Sie hat sie beobachtet und kann sie beschreiben – wie faszinierend der menschliche Geist sein kann.

Menschen mit Behinderung erinnern mich immer daran, wie wertvoll das Leben ist. Und wie viel Liebe es bereithält, wenn man nur selbst liebt. Umso schrecklicher finde ich, dass an dem Tag, an dem ich diese Zeilen schreibe, der sogenannte Trisomie-Test zur Kassenleistung wird. Ich selbst habe keine Kinder, es wäre anmaßend, Eltern zu kritisieren, die ein Kind nicht wollen, das Trisomie hat. Aber ich finde es schrecklich, dass die Welt offenbar nicht genug Liebe übrig hat für diese Menschen. Dabei bin ich mir in einer Sache ganz sicher: Sie würden so viel Liebe geben.

Dr. Christian Eckl, Regensburg

ALLS MiR WELLEN Unter Zucker schlecht Werder

und MEiN LELEN
BEiDAMT uR HAR ich.
zum LÜCK NiCHT ALLEINE

MEiNE
iuttar
DEN
NOtARZt
GERUNEN
Korten
Müllbacher

Eine große
Herausforderung gemeistert

Das Jahr 2017 war alles andere als einfach für mich. Vor allem den 18. Januar dieses Jahres werde ich wohl nie vergessen. Da erreichte mich am Morgen die Nachricht, dass unser Oberbürgermeister verhaftet wurde.

Ich als seine Stellvertreterin und zweite Bürgermeisterin der Stadt musste sofort einspringen und mich in seine sehr anspruchsvollen Aufgaben einarbeiten, gegenüber der Öffentlichkeit signalisieren, dass die Stadtverwaltung weiter handlungsfähig bleibt und den Beschäftigten die Sicherheit vermitteln, dass die Geschäfte wie gewohnt weiterlaufen.

Im ersten Moment habe ich damals gedacht: „Das ist nicht zu schaffen!" Da sollte ich von jetzt auf dann zwei Jobs mit viel Verantwortung, die schon vorher zwei Menschen völlig ausgelastet haben, unter einen Hut bringen, und das noch so, dass der Stadt daraus nach Möglichkeit kein Schaden erwuchs. Dabei konnte ich mir damals zum Glück nicht vorstellen, dass die Belastung noch größer werden konnte.

Aber es kam durchaus noch mehr auf mich zu. Im Juli desselben Jahres erfuhr unser dritter Bürgermeister von seiner schweren Erkrankung, die ihn für ein Dreivierteljahr dienstunfähig machte. Diese Nachricht hat mich wahnsinnig betroffen gemacht!

In dieser ganzen Zeit bis heute waren es die Menschen in meiner Umgebung, die es mir möglich gemacht haben, die Ärmel hochzukrempeln und dies alles zu stemmen. Meine Familie, meine Freunde, meine engsten Mitarbeiter, die städtischen Führungskräfte, alle Beschäftigten in der gesamten Stadtverwaltung und viele Bürgerinnen und Bürger haben mir immer wieder vermittelt, dass ich nicht alleine dastehe, um diese Herkulesaufgabe zu bewältigen.

Ich habe so viel Zuspruch, ermutigende Worte, aber auch enorm viel tatkräftige Unterstützung bekommen, dass ich stets gemerkt habe: Gemeinsam können wir es anpacken und gemeinsam werden wir es auch schaffen! Dafür möchte ich allen, die mich unterstützt haben, ein ganz herzliches Dankeschön sagen. Sie haben das getan, was für uns alle so wichtig ist: Sie haben mir das Gefühl gegeben, dass ich auch angesichts einer großen Herausforderung nicht alleine bin.

Gertrud Maltz-Schwarzfischer

Bürgermeisterin, Regensburg

magic

Im nahen Freizeitpark Schönfeld gab es eine Zaubershow. Das hatte Mio seiner Schwester Ina gestern Abend aus der Zeitung vorgelesen. „Habt ihr schon einen Wunsch für heute?", fragten die Eltern beim Sonntagsfrühstück. „Ja", riefen die beiden fast gleichzeitig, „wir wollen in den Freizeitpark!"

„Schon wieder! Ich möchte heute einmal wandern!", verkündete Mama. „Ich auch!", meinte Papa. „Das können wir ja nächsten Sonntag machen, im Freizeitpark ist heute nämlich eine Zaubershow!", sagte Ina kurz und klar, so dass die Eltern lachen mussten.

„Also gut!", gaben sie nach. Gegen zwei Uhr fuhren sie gemeinsam los. Am Eingang befand sich ein Plakat. Sie lasen: Nächste Zaubershow um 14 Uhr 30. Sie erkundigten sich schnell nach dem Weg und erfuhren, dass sie zu dem rot-blauen Zelt mit der goldenen Kuppeln mussten. Der Platzanweiser winkte die Kinder zu sich. Mio und Ina bekamen noch Plätze in der ersten Reihe, die Eltern mussten sich hinter alle Kinder setzen.

Die Vorstellung begann, der Zauberer schritt auf die Bühne. Sein silberfarbener Anzug glitzerte. In der rechten Hand hielt er seinen schwarzen Zylinder, in der linken seinen weißen Zauberstab.

Er nahm seinen roten Seidenschal ab, deckte den Zylinder damit zu und hokus pokus fidibus zauberte er ein schwarz-weißes Kaninchen heraus.

Nach dem Applaus fragte er: „Welcher große Junge möchte zu mir nach vorne kommen?"

Mio meldete sich. Er fand den Zauberer nett und traute sich.

Prompt bat der Magicus Mio zu sich auf die Bühne. „Wie heißt du?" – „Mio".
„Bist du verheiratet?" – „Nicht verheiratet!", betonte Mio etwas entrüstet.

„Dann bist du noch frei?" Nun grinste Mio und erkannte die Fragen als Witz.
„Nö!", war seine Antwort. Die Zuschauer lachten. Mio lachte mit und blickte
den Zauberer an.

Dieser nahm eine Pistole mit langem Lauf aus seinem Koffer.

„O Gott!", sagte jemand. „Keine Angst!", beruhigte der Magier das Publikum
und drückte Mio ein rotes Tüchlein in die Hand, mit den Worten: „Lade den
Lauf deiner Pistole mit diesem Stück Stoff!"

Mio drückte es nach und nach mit dem Zeigefinger hinein.

Am anderen Ende der Bühne stand eine Kerze auf dem Tisch.

„Ziele mit gestrecktem Arm auf die Kerze!", wies der Magier ihn an.

Mio war ganz bei der Sache. Er streckte beide Arme nach vorne, den mit der
Pistole und den ohne, riss die Augen auf und zielte konzentriert.

Da drang Gelächter an sein Ohr.

„Den zweiten Arm nicht ausstrecken!", flüsterte ihm der freundliche Zauberer ins Ohr.

Mist!, dachte Mio. Immer wieder passierte ihm, dass er etwas zu viel be-
wegte, ohne es zu bemerken. So! Er hielt den linken Arm angespannt nach
unten, mit gestreckten Fingern. Nun konzentrierte er sich noch einmal und
schoss.

Nach dem Knall lag das rote Tüchlein als Schleife um die Kerze gebunden.
Die Zuschauer applaudierten begeistert.

Mio schüttelte den Kopf und starrte mit geöffnetem Mund auf die Schleife. Unwahrscheinlich!

Der Zauberer nahm ihn an der Hand und sie verbeugten sich vor dem Publikum. Dann ging Mio zu seinem Platz zurück. Sein Schwesterchen lächelte ihn an und klopfte ihm anerkennend auf die Schulter.

Mio dachte, ich könnte ja mal mit Papa in meine Schachtel ‚Der kleine Zauberer‘ hineinschauen. Diese hatte er einmal zum Geburtstag bekommen und noch nicht ausprobiert, sondern am liebsten zu seinen geliebten Matchbox- und Lego-Autos gegriffen.

Später im Café fragte Mio mit gerunzelter Stirn, während er mit den Fingerrücken über seine Wangen strich: „Habe ich wirklich die Schleife um die Kerze geschossen?" Dass das nicht ging, war ihm irgendwie klar, er konnte sich jedoch nicht gleich vorstellen, wie sie sonst dorthin gekommen sein könnte.

„Vielleicht hat der Zauberer blitzschnell eine fertige Schleife über die Kerze geschoben, als alle dir beim Schießen zuschauten!", kam Ina ihm zu Hilfe.

„Stimmt!", ging Mio ein Licht auf, „er war ja plötzlich neben der Kerze!"

„Wir können zu Hause mal in deinem Zauberkasten nachschauen, vielleicht ist so ein Trick darin zu finden!", meinte Papa.

„Du hast aber laut geschossen! Ich bin vielleicht erschrocken!", lachte Ina.

Mio lachte mit und vergaß die Ratlosigkeit, die ihn befiel, wenn er sich nicht so leicht etwas zusammenreimen konnte, wie seine Mitschüler.

Irmi Bierler, Bad Abbach

Eine gemeinsame
Rucksackreise nach Nürnberg

Es ist fast genau zehn Jahre her, da hatten wir ein unvergesslich schönes Wochenende in Nürnberg. wir haben eine gemeinsame Rucksackreise unternommen. wir waren alle aufgeregt. wir trafen uns am Bahnhof Regensburg und sind mit dem Zug nach Nürnberg gefahren. das hat gut geklappt. wir haben verschiedene Besichtigungen gemacht. sehr schön war es im Zoo. Dort konnten wir einen kleinen Eisbären sehen und viele andere Tiere. wir mussten viele Probleme meistern, weil die Stadt Nürnberg nicht gut für Rollstuhlfahrer ist. Aber unsere tollen Betreuer wussten immer einen Rat und haben uns aus jeder schwierigen Situation geholfen. wir hatten so viel Spaß zusammen und es war für uns alle ein aufregendes Erlebnis, das uns die Herkulesgruppe ermöglicht hat.

Es wäre wunderschön, wenn wir mal wieder sowas unternehmen könnten.

Monika Gassner, Berching

Dieses Gefühl vergesse ich nie

Ich war ein braves Kind, ein wissbegieriges Kind, ein beflissenes Kind.

Ich freute mich sehr auf meinen ersten Schultag – endlich Schulkind sein dürfen, einen Schulranzen auf dem Rücken tragen dürfen und wichtig über die Straße marschieren – ein aufregendes neues Leben wartete auf mich!

Lesen konnte ich schon – mein Opa, (ein großer schlanker Mann mit bedeutendem Schnauzbart) antwortete auf meinen nicht enden wollenden Strom von Fragen: „Was heißt das? Was ist das? Was heißt das? Was ist das?" immer mit großer Geduld. Und jetzt sollte ich noch mehr lernen dürfen. Ich war begeistert.

Wir, das waren drei Generationen unter einem Dach, wohnten direkt gegenüber der Schule, der Weg war nicht weit.

Der erste Tag war endlich da, alles war wunderbar, die Schultüte noch wunderbarer.

Wir bekamen eine Hausaufgabe. Wir sollten das Haus malen, in dem wir wohnten. Eigentlich bewältigbar.

Aber eine Hausaufgabe? Aha. War mir neu. Ich eilte nach Hause, erzählte, spielte, freute mich auf den nächsten Tag. Der Gedanke an „Hausaufgabe" hatte sich gleich nach Verlassen des Schulhauses verflüchtigt.

Der zweite Schultag: Alle kramten in ihren Ranzen, präsentierten ihre mehr oder weniger gelungenen Werke, unsere Lehrerin lobte hochpädagogisch jedes Gekrakel, nur ich hatte – nichts.

Vergessen. Es war mir furchtbar peinlich. Mit hochrotem Kopf versprach ich, das nachzuholen. Sicher. Bestimmt. Auf jeden Fall. Ehrenwort.

Der Schulbeginn ist in Bayern Mitte September. Zu dieser Zeit ist auch das Oktoberfest, in München „Wies'n" genannt. Und wir sind eine Münchner Familie. Der Vater war bei der Stadt beschäftigt, er bekam Bier- und Hendlmarken. Traditionell zog die ganze Familie los, in Tracht, lange bevor das wieder zur Pflicht wurde: es war das schöne Gewand. Meine Schwester, die Mama und ich in rosa/hellblau gewürfelten „Wäscherdirndln". Der Vater allerdings nicht in Lederhose – ich glaube, er hat nie eine besessen.

Das Oktoberfest war damals noch ein echtes Volksfest, mit Schiffschaukel, Kettenkarussell, Bierzelt, und verlockenden Düften. Es war kein Problem, mit der ganzen Familie hinzugehen – man konnte die Kinder sogar alleine zum Zuckerwatte-Holen schicken. Betrunkene gab es zweifellos auch damals, aber es war noch kein völkerverbindendes Massenbesäufnis.

Wir durften uns ein Fahrgeschäft aussuchen, ich nahm das Karussell mit der Straßenbahn, in der ich als Gast saß, so brav war ich. Die Marken wurden eingelöst, die Hendl verzehrt, wir Kinder tranken Limo, die Eltern Bier, dann ging es wieder nach Hause.

Erhitzt, glücklich, müde, morgen ist wieder Schule, juhuh!

Kein Gedanke an eine Hausaufgabe.

Am nächsten Tag sah mich unser Fräulein Ederer sehr streng an. Lehrerinnen hießen damals Fräulein, ob sie eines waren oder nicht. Eigentlich war unser Fräulein ein gütiger Großmutter-Typ, grauer Dutt, liebe Augen. Aber schon wieder keine Hausaufgabe, obwohl versprochen – das ging zu weit. Ich musste nachsitzen. Was war das schon wieder. Ich musste dableiben, wenn alle anderen Heim gehen durften. Aha.

So war es auch. Die Klassenkameraden gingen, vorne am Pult saß das Fräulein Ederer, hinten im Raum saß ich. Das Zimmer wurde größer und größer. Ich wurde kleiner und kleiner. Das Fräulein würdigte mich keines Blicks. Was sollte ich tun? Sie hatte mir keine Aufgabe zugeteilt. Ich traute mich auch nicht zu fragen.

Da saß ich nun. Und die Zeit dehnte sich so wie der Raum. Es war schrecklich.

Zu Hause wartete mein Opa am Fenster und freute sich an den Schulkindern, die fröhlich an unserem Haus vorbeirannten. Ich war nicht dabei. Was war los – war ich krank geworden?

Meine Mutter ließ das Kochen sein und ging hinüber ins Schulhaus, um nach mir zu sehen. Die Klassenzimmertüre ging auf – da stand sie.

Meine Mutter war eine sehr hübsche junge Frau und ist jetzt eine würdige alte Dame – aber in dem Moment war sie einfach überirdisch schön.

„.. und dann kamst Du"

„Nehmen Sie sie mit" brummte das Fräulein Ederer.

Ob ich unser Haus je gemalt habe, weiß ich nicht mehr. Wahrscheinlich schon.

Ein paar Wochen hatte ich Angst vor der Schule, das verging wieder.

Aber dieses Gefühl der grenzenlosen Erleichterung, dieses erlöst werden durch meine Mama, dieses Gefühl vergesse ich nie.

Inge Faes-Wagner, Regensburg

Die Welt geht nicht gleich unter

Noch im Alter von Anfang 30 hatte ich immer wieder mal Bedenken vor anstrengenden Terminen. Manchmal dachte ich mir, oh je, wie kann ich den morgigen Tag überhaupt überstehen? Nicht nur viele Termine in den unterschiedlichsten Themenfeldern – wie es sonst meinem Tagesprogramm entspricht – sondern auch noch einige besonders schwierige. Schwierig in dem Sinne, dass ich nicht wusste, was von den anderen Teilnehmern kommt, eine gewisse Sorge, auf Unverständnis zu stoßen, ein gewisses Unbehagen, ob die gewünschte Lösung möglich ist. Mittlerweile kann ich in diesen Situationen wesentlich entspannter sein. Warum? Weil ich mir bewusstmache, dass ich die Themen und Argumente gut vorbereitet habe, dass ich mir überlege, was wohl meine Gesprächspartner erwarten und dass ich gut abgewogen habe. Und wenn es dann doch anders ausgeht, bin ich mir sicher, dass die Welt auch nicht gleich untergeht. Solange ich aufrichtig auf meinem Weg unterwegs bin, werden die richtigen Dinge passieren. Und was richtig oder falsch ist weiß man halt manchmal erst im Nachhinein.

Tanja Schweiger, Landrätin, Regensburg
Foto: Hubert Lankes

... und dann kamst du!

Ganz anders als geplant,
wurdest schwer krank,
hast dich durchgekämpft
durch viele Komplikationen.

Oft lebst du in deiner Welt,
träumst vor dich hin,
freust dich über Musik,
hüpfst kraftvoll auf dem Pezziball.

Du strahlst Freude aus,
forderst Achtsamkeit,
brauchst die Regelmäßigkeit,
und die Sicherheit.

Du brauchst auch das Beständige,
bist abhängig von Vertrauen,
suchst die Ruhe,
im nächsten Moment die Aktion.

Du zeigst deiner Umwelt
deine Freude an kleinen Dingen,
und was das Wesentliche ist:
Beziehung, Zeit, der Augenblick ...

Christa Weiß, Regensburg; Foto: Engelbert Weiß

„Und dann kamt ihr ...“

Ich lebe seit über 40 Jahren mit geistig behinderten Kindern, Jugendlichen und Erwachsenen. Aber durch ein Erlebnis ist mir die emotionale Tragweite dieser Tatsache eindringlich bewusstgeworden:

Eines Tages bringe ich meine Cousine zum Zug. Ich steige mit ein, um ihr mit dem Gepäck zu helfen und mich nochmal herzlich zu verabschieden.

Plötzlich fährt der Zug an. Ich habe nichts dabei außer meinem Autoschlüssel. Vollkommen hilflos muss ich erstmal mitfahren. Die Schaffnerin sagt, ich solle am nächsten Bahnhof aussteigen und mit dem nächsten Zug zurückfahren. Geld bekomme ich von meiner Cousine.

Es erwartet mich ein einsamer, winziger Bahnhof mit einem Kartenautomaten, vollkommen ohne Menschen. Der nächste Zug zurück fährt in etwa einer Stunde.

Ich komme mir neben meinem Ärger sehr einsam und verloren vor.

Nach etwa einer halben Stunde kommt eine Gruppe geistig behinderter Erwachsener. Lebendig und freundlich wie immer. Sofort fühle ich mich geborgen und aufgehoben.

Die restliche Zeit vergeht wie im Fluge mit anregenden Gesprächen.

Gott sei Dank für diese Menschen.

Christine Ohlemacher-Fehrmann, Regensburg

Barbara Kostka, Regensburg

Ich habe so viel von ihnen gelernt!

Vor 30 Jahren führte mich mein Schicksal nach Deutschland, und Regensburg ist zu meiner zweiten Heimat geworden.

Schon in Polen arbeitete ich mit lern- und geistig behinderten Kindern und Jugendlichen.

Hier in Regensburg fand ich gleich die Stelle an der Bischof-Wittmann-Schule, zuerst als staatlich anerkannte Erzieherin und dann nach einer Zusatzausbildung als Fachlehrerin für Kunst und Werken.

Von Anfang an war die Arbeit in der Schule mit den besonderen Kindern mein großes Glück und ich wusste es zu schätzen. Die große emotionale Bindung und die Liebe, die dabei entstanden sind, haben mich als Mensch sehr geprägt.

Ich danke meinem Schicksal, dass ich all den wunderbaren und einzigartigen Kindern und Jugendlichen begegnen und sie über 27 Jahre begleiten durfte. Ich habe so viel von ihnen gelernt!

Heute habe ich selbst einen Behinderungsgrad von 100 Prozent und lebe mit einem unheilbaren Tumor.

Dank des ganzen seelischen Reichtums, den ich im größten Teil durch meine Arbeit gesammelt habe, kann ich die Zeit, die mir noch bleibt, mit Leichtigkeit und Fröhlichkeit gestalten.

DANKE!!!

Barbara Kostka, Regensburg

Fördern und loslassen

... und dann kamst du –
viel zu früh, du kämpfst um dein Überleben,
stellst den Lebensweg deiner Eltern auf den Kopf,
forderst einen besonderen Tagesrhythmus ein.

Und dann kamst du –
ganz andere Qualifizierungen sind plötzlich gefragt:
Physiotherapie, Logopädie, Arzttermine ...
bestimmen den Alltag deiner Eltern mit dir – ganz neu.

Und dann kamst du –
und es wird immer deutlicher,
du musst mit massiven Einschränkungen zurechtkommen,
und auch alle, die sich um dich kümmern und für dich sorgen.

Und dann kamst du –
machst dich in deinem Tempo auf den Weg,
und forderst, das richtige Maß zu finden,
zwischen Fördern und Sein-dürfen wie du bist.

Und dann kamst du –
und wir lernen: wir können nicht alles alleine bewältigen,
Austausch mit anderen ist hilfreich und notwendig,
Menschen durchkreuzen unser Leben, denen wir nie begegnet wären.

Und dann kamst du –
und machst uns bewusst: wir müssen Eigenständigkeit bewahren,
bei allem Fördern und Aufmerksam-Sein
auch auf die eigenen Bedürfnisse achten.

Und dann kamst du –
du hast viel zu sagen, aber du kannst nur wenig sprechen,
wir möchten deinem Bedürfnis nach Nähe gerecht werden,
müssen aber auch lernen, rechtzeitig wieder loszulassen.

Und dann kommst du,
strahlst Lebensfreude aus,
steckst andere an,
wir sind so dankbar dafür!

Christa Weiß, Regensburg

Foto: Engelbert Weiß

Annäherung
mit Kunstprojekten

Von besonderer Wichtigkeit sind die vielfältigen sozial-integrativen Projekte, die Ivana Koubek als Kunstpädagogin in Grund- und Berufsschulen umgesetzt hat: Altarbild für die Hauskapelle in der Kursana-Residenz in Regensburg, Projekte und Schulhausgestaltungen mit den Kindern und Jugendlichen in der Grundschule Bad Abbach, Hermann-Zierer-Schule-Obertraubling, Grundschule Großberg, Pater-Rupert-Mayer-Zentrum und Berufsbildungszentrum (BZZ) Regensburg und nicht zuletzt das Projekt „Regensburger Elefant" mit Ausländern und der Von-der-Tann-Schule.

Während im Fotokalender „Gesichter einer Stadt" von 2005 die Porträts sozialer Randgruppen im Zentrum der künstlerischen Annäherung standen, sind es im Kalender REGENSBURGER ELEFANT die Porträts von Schülerinnen und Schülern mit Migrationshintergrund.

Ivana Koubek, Regensburg

REGENSBURGER ELEFANT
Ein Projekt des Ausländerbeirates der Stadt Regensburg und der Künstlerin Ivana Koubek
gemeinsam mit den Kindern der Von-der-Tann-Schule

Miteinander eintauchen
in die vielfältige Erlebniswelt

Herbert Jung, Fotograf, Frankfurt am Main

Mit der Musik Menschen verbinden

Für mich war 2016 ein ganz besonderes Jahr. Ich habe lange überlegt, ein Konzert zu veranstalten. Dann kam mein Vater auf die Idee, ein Benefizkonzert daraus zu machen. Von dieser Idee, mit der Musik Menschen zu verbinden und etwas Gutes zu tun, war ich sofort begeistert. Eine Institution, ein Verein war schnell gefunden: der vkm Regensburg. Ein Verein, der viel bewegt, aber dennoch nicht die Beachtung in der Öffentlichkeit bekommt, die er verdient. „Die unterstützen wir", war mir sofort klar. Doch das stellte auch eine riesige Herausforderung für alle Beteiligten dar.

So nahm ich Kontakt zu Christa und Engelbert Weiß auf. Gleich waren sie begeistert von der Idee eines Benefizkonzerts. Ein Tag wurde schnell gefunden, der 17. Juni 2016.

Meine musikalischen Freunde waren auch sofort dabei. Der Gedanke, mit der Musik zu helfen, gefiel allen sehr gut. Das Organisatorische übernahmen meine Eltern, auch das Akquirieren von Spenden. Das Konzert verband behinderte und nichtbehinderte Menschen, Jung und Alt. Wir konnten mit diesem Benefizkonzert 4200 Euro an den vkm übergeben und haben uns riesig darüber gefreut, dass mit der Summe Menschen mit Behinderung unterstützt werden konnten.

„I'm dreaming of the stage, a guitar in my hand, the crowd in front of me and I will sing with them!" – Liedtextauszug aus meinem Song „Singing On My Own". Dieser Traum, mit meiner Gitarre auf der Bühne zu stehen und für und mit dem Publikum zu singen, wurde für mich am 17. Juni 2016 wahr und ich konnte dabei den vkm unterstützen und mit meiner Musik Menschen verbinden!

Ich werde mich immer gerne an mein erstes großes Konzert erinnern, ein Benefizkonzert für den vkm Regensburg.

Michael Lex, Barbing

Eine besondere Herausforderung

Die Nachricht, dass aufgrund von unerkannten Baumängeln das barrierefreie Schullandheim des LVKM in Wartaweil vor dem Aus stand, war ein Schock. Die Schäden waren so gravierend, dass eine Totalsanierung der Zimmer und Bäder unvermeidlich war. Die Kostenschätzung sprengte mit fünf Millionen Euro jeden Rahmen.

Es gelang jedoch in kurzer Zeit durch die Unterstützung unserer Schirmherrin, Landtagspräsidentin Barbara Stamm, und die dann folgende glückliche Gewinnung von Spendern und Sponsoren, die Gelder aufzubringen und die Sanierung zu meistern. Wartaweil als besonderer Ort der Inklusion konnte gerettet werden. Menschen mit und ohne Behinderung können dort weiterhin eine schöne Zeit in prachtvoller Umgebung genießen. Es hat sich gelohnt nicht aufzugeben.

München, im August 2019

Rainer Salz, Geschäftsführer beim LVKM (Landesverband Bayern des Vereins für körper- und mehrfachbehinderte Menschen e. V.)

Überraschungen am laufenden Band

Ein unerwarteter Besuch,

eine Nachricht von einem fast vergessenen Freund,

ein geplantes Kind oder ein Verkehrsunfall,

ein Losgewinn oder eine überhöhte Rechnung,

eine völlig überraschende Krebsdiagnose,

ein kleines Geschenk oder einfach nur ein Lächeln,

– es gibt so viele Dinge und Ereignisse in unserem so unüberschaubaren Alltag, die von einer Sekunde zur anderen meine Stimmung massiv beeinflussen, ja sogar mein Leben komplett verändern können.

Jeden Augenblick kann etwas völlig Unerwartetes eintreten. Auf manches kann ich mich vorbereiten, gegen vieles kann ich mich wappnen. Trotz intensiver Planung und aller Mühen gibt es aber Dinge, die niemand abwehren oder herbeizaubern kann. Und trotz aller utopischen Gedanken in die Zukunft gibt es Ereignisse, die mich aus heiterem Himmel dermaßen überraschen, dass ich es kaum oder gar nicht fassen kann, positiv wie negativ.

Wie interessant und voller Überraschungen ist doch mein Leben,
jeden Tag aufs Neue!

Engelbert Weiß, Regensburg

Begegnungen in meiner Kindheit

Ehrlich gesagt, ich war zunächst ratlos, als ich die Einladung, einen Artikel zu diesem Thema zu schreiben, bekam. Am Ende eines turbulenten Schuljahres, den bevorstehenden Urlaub vor Augen und dieses Thema ... ich grübelte lange Zeit darüber nach.

Schließlich führten mich meine Gedanken in meine Kindheit. Meine erste bewusste Begegnung mit einem beeinträchtigten Menschen hatte ich im fünften Lebensjahr: ein naher Verwandter, sieben Jahre älter als ich, Down-Syndrom. Ich durfte ihm bei jährlichen Besuchen, die immer ein paar Tage zur Urlaubszeit zusammen mit meinen Eltern an seinem Wohnort auf dem Land stattfanden, begegnen.

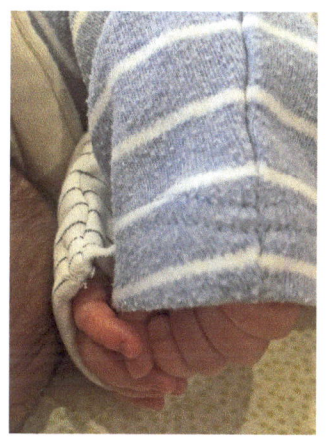

Ich erinnere mich, wie es mir Freude machte, mit ihm Ball zu spielen, wie es mich Mühe kostete, seine verwaschene Sprache zu verstehen, mir aber auch Spaß machte, mich mit ihm zu unterhalten und spazieren zu gehen. Ich fühle, wenn ich genau nachdenke, noch heute seine Hand, die er mir, dem Jüngeren, beschützend gab. Vor 60 Jahren kam er in mein Leben. Über 20 Jahre waren wir verwandtschaftlich verbunden. Dann starb er.

Nach meinem Studium begann ich bei schwer verhaltensauffälligen, milieugeschädigten Kindern und Jugendlichen zu arbeiten. Eine ganz andere Art der Begegnung mit Menschen. Jetzt war ich an der Reihe, sie an der Hand zu nehmen.

Nach Jahren voller wertvoller Erfahrungen übernahm ich als Leiter „Wohngemeinschaften für erwachsene Behinderte". Es waren die Anfänge, dezentrale Lebensformen für diese Menschen zu entwickeln. Mir schauten Menschen in die Augen, die mich an die Begegnungen in meiner Kindheit erinnerten. Aber es waren jetzt erwachsene Menschen. Ich durfte erleben, wie glücklich sie sich in ihren Wohngruppen fühlten, wie wichtig es für sie war, selbstbestimmt, nicht mehr zu Hause, sondern weg von den Eltern zu leben, als Erwachsene respektiert zu werden.

Ich erinnere mich: der Heiner hatte sich eine rote Hose gekauft und ist stolz in seiner roten Hose am Sonntag in die Kirche gegangen. Seine Mutter, die auch in der Kirche war, war entsetzt. Es hat lange gedauert, die Frau zu beruhigen. Aber Heiner lebte selbstbestimmt. Ich war froh darüber.

Seit fast 25 Jahren verabschiede ich als Leiter des Pater-Rupert-Mayer-Zentrums Regensburg am Ende jeden Schuljahres Schülerinnen und Schüler. Viele von ihnen durfte ich vom dritten bis zum 16. oder gar 20. Lebensjahr begleiten und erleben. Viele wohlwollende und wohltuende persönliche Begegnungen stehen hinter diesen Lebensgeschichten. Ich durfte viel daraus lernen und freue mich jedes Mal, wenn sie strahlend, selbstbewusst in das Leben nach der Schule gehen.

„Und dann kamst du" ... Vielleicht war es meine kindheitliche Begegnung, die mich auf diesen Lebensweg geschickt hat ... Ich bin durch all diese Begegnungen in meiner Seele jung geblieben, bin dankbar, dass ich diesen meinen Lebensweg so gehen konnte. Die Arbeit mit Menschen ist schön, die Arbeit mit beeinträchtigten Menschen wunderschön.

Reinhard Mehringer, Regensburg

Dann kam Herkules

Die Freizeitgruppe Herkules des vkm Regensburg organisiert seit bald 15 Jahren freizeitpädagogische Aktionen, die junge Erwachsene mit und ohne Behinderung, Freunde und Familie einmal im Monat zusammenbringen. Viele Teilnehmer sind von Anfang an dabei. Sie sind mit Herkules „groß" geworden. Und haben einen festen Platz in ihrem Leben dafür reserviert.

Was ist Herkules, was bedeutet es für uns und unser Leben?

Text und Grafik: Jutta Kellner

Viele Hände

Birgit Stadler, Wiesent

Viele Hände

1. Wenn vie-le Hän-de et-was ma-chen, bleibt kei-ne Hand für sich al-lein. Zu-sam-men kön-nen klei-ne Hän-de viel grö-ßer als ganz gro-ße sein, viel grö-ßer als ganz gro-ße sein.

Zwischenspiel:
(gespielt, gepfiffen oder gesungen)

2. Wenn viele Hände etwas machen,
   bleibt keine Hand für sich allein.
   Es können selbst die schwersten Sachen
   gemeinsam leicht zu schaffen sein,
   gemeinsam leicht zu schaffen sein.

3. Wenn viele Hände etwas machen,
   bleibt keine Hand für sich allein.
   Und ist auch gar nicht viel zu sehen,
   höhln kleine Tropfen doch den Stein,
   höhln kleine Tropfen doch den Stein.

4. Wenn viele Hände etwas machen,
   bleibt keine Hand für sich allein.
   Wenn sie sich stützen, helfen, halten,
   wird, was sie tun, gelungen sein,
   wird, was sie tun, gelungen sein.

T. + M.: Ali Stadler
93109 Wiesent

Welcome To Holland

Mit unserem schwer behinderten Sohn Michi haben wir schon so viel Schönes erlebt und so viele Herausforderungen gemeistert, schreiben Christl und Fritz Weinbeck. „Als uns die Einladung zu einem Beitrag für dieses Erlebnisbuch erreicht hat, da dachten wir sofort an den Text „Welcome to Holland" von Emily Perl Kingsley. Der Text bringt für uns sehr anschaulich zum Ausdruck, was wir erlebt haben, als Du, Michi, gekommen bist. Der Text muss unbedingt in dieses Erlebnisbuch!"

Der vkm machte sich auf die Suche und erhielt von Emily Perl Kingsley die Abdruckgenehmigung – und das auch noch kostenlos. Ganz herzlichen Dank dafür!

Der Text erscheint in diesem Buch in einer deutschen Übersetzung von der Internetseite der Autorin aus den Vereinigten Staaten, New York City.

Christl und Fritz Weinbeck, Lappersdorf

Willkommen in Holland

Von Emily Perl Kingsley

Ich werde oft gebeten, die Erfahrung der Erziehung eines Kindes mit einer Behinderung zu beschreiben – zu versuchen, Menschen, die diese einzigartige Erfahrung nicht geteilt haben, zu helfen, sie zu verstehen und mir vorzustellen, wie sie sich anfühlen würde. Es ist so ...

Wenn Sie ein Baby bekommen, ist es, als würden Sie eine fantastische Urlaubsreise planen – nach Italien. Sie kaufen ein paar Reiseführer und schmieden wunderbare Pläne. Das Kolosseum. Der Michelangelo David. Die Gondeln in Venedig. Sie können einige handliche Sätze in Italienisch lernen. Es ist alles sehr aufregend.

Nach Monaten voller Vorfreude kommt endlich der Tag. Sie packen Ihre Koffer und los geht's. Einige Stunden später landet das Flugzeug. Die Flugbegleiterin kommt herein und sagt: „Willkommen in Holland."

„Holland?!?" du sagst. „Was meinst du mit Holland? Ich habe mich für Italien angemeldet! Ich soll in Italien sein. Mein ganzes Leben lang habe ich davon geträumt, nach Italien zu gehen."

Aber der Flugplan hat sich geändert. Sie sind in Holland gelandet und dort musst du bleiben.

Das Wichtigste ist, dass sie dich nicht an einen schrecklichen, ekelhaften, schmutzigen Ort gebracht haben, der voller Pest, Hunger und Krankheit ist. Es ist nur ein anderer Ort.

Sie müssen also neue Reiseführer kaufen. Und Sie müssen eine ganz neue Sprache lernen. Und Sie werden eine ganz neue Gruppe von Menschen treffen, die Sie niemals getroffen hätten.

Es ist nur ein anderer Ort. Es ist langsamer als Italien, weniger auffällig als Italien. Aber nachdem Sie eine Weile dort waren und zu Atem gekommen sind, sehen Sie sich um ... und Sie bemerken, dass Holland Windmühlen hat ... und Holland Tulpen. Holland hat sogar Rembrandts.

Aber jeder, den Sie kennen, ist damit beschäftigt, aus Italien zu kommen und zu gehen ... und sie prahlen alle damit, was für eine wundervolle Zeit sie dort hatten. Und für den Rest Ihres Lebens werden Sie sagen: „Ja, da hätte ich hingehen sollen. Das hatte ich geplant."

Und der Schmerz davon wird niemals, niemals, niemals verschwinden ... denn der Verlust dieses Traums ist ein sehr, sehr bedeutender Verlust.

Aber ... wenn Sie Ihr Leben damit verbringen, um die Tatsache zu trauern, dass Sie nicht nach Italien gekommen sind, werden Sie vielleicht nie die Freiheit haben, die ganz besonderen, sehr schönen Dinge ... über Holland zu genießen.

Bewegungsräume

Elisabeth Schmidt-Huber, Lappersdorf

Oh, meine Schöne, du Liebes,

die du immer für mich da bist, mich trägst und schützt,
durch alle Zeiten und Gegebenheiten, durch Zeit und Raum,
immer in dir Vertrauen zu haben.

Ja, meine Schöne, meine schöne Korke.
„Wo gehst Du hin?", fragte ich sie.

Die Korke weinte und sagte:
„Wer trägt mich? Ich bin nur ein großes Stück Korken, ohne Luft und ohne
Wasser, ohne Beine. Und ich habe keine Arme. Ich kann nicht laufen und ich
kann niemanden festhalten um zu lieben."

Och, och, meine Korke, meine liebe schöne Korke.
„Du bist doch so groß und könntest so viel Gutes tun!"

„Ja, aber wie denn?"
„Komm", sagte ich, „wir suchen uns die Luft und fragen sie, ob sie dich tragen will."

So gingen wir zur Luft und bliesen beide eine große Tüte voll, bis die Tüte
prall gefüllt war.

„Was nun, was machen wir mit der prallen Tüte mit Luft?"
Ich sagte zu meiner Korke: „Wir legen die Tüte unter dich und schauen, was
mit dir passiert."

Die Korke hob sich vorne ein Stück hoch und ich schob die mit Luft prall ge-
füllte Tüte unter sie.

„Und, wie gefällt es Dir, Korke?"

„Nun ja", zweifelte sie, „mein Hintern hängt ein bisschen nach unten."

Ich schaute sie an und ich musste ihr recht geben. Die Idee mit der Luft war also nicht so erfolgreich, wie wir uns das am Anfang gedacht hatten.

„Was nun?", sagte ich mit einem fragend liebevollen Blick zur Korke.
Die Korke war verzweifelt und fing wieder an zu weinen. Sie tat mir so leid, und innerlich weinte ich auch. Ein paar Tränen fielen auf meinen Pulli. Die Korke bemerkte, dass ich auch weinte und vergaß ihr Weinen, um mich zu trösten.

„Weißt du, du lieber Mensch, ich weiß etwas, was du noch nicht weißt."

Ich fragte neugierig: „Was denn?"
„Wir suchen uns das Wasser", sagte die Korke.
„Das ist eine gute Idee", sagte ich. Und wir machten uns fertig, um das Wasser zu suchen.

Wir fanden das Wasser. Und seit dieser Zeit trägt das Wasser unsere liebe Korke, wo sie doch eigentlich nur ein großes Stück Korken ist, die Liebe in unsere Herzen für alle Zeiten bringt, so lange wir zusammen sind.

Anonym

Bewegungsräume

Elisabeth Schmidt-Huber, Lappersdorf

Der wichtigste Abend in meinem Leben

Es ist April 1997, ich bin 36 Jahre alt und stehe an einer großen Weggabelung meines Lebens. Meine Frau hat sich von mir getrennt, ich habe noch keine neue Beziehung. Mein Vermieter hat die Wohnung wegen Eigenbedarfs gekündigt. Beruflich arbeite ich als Industriekaufmann, aber ich würde gerne als Reporter und Moderator in die Selbstständigkeit gehen. Wie bewältige ich das?

Als Sportmoderator stehe ich gleichzeitig vor meiner bisher größten Aufgabe. Ein großer Galaabend mit Prominenten aus Sport, Kultur und Politik findet in Abensberg statt. Gemeinsam mit einer Moderatorenlegende, Gerd Rubenbauer, soll ich durch den Abend führen. Ich versuche, alle Probleme auszublenden und konzentriere mich auf meine Aufgabe. Der Abend wird ein voller Erfolg. Ich bin glücklich, aber mit wem teile ich mein Glück?

Und dann kam Sie ... Beim Essen nach der Gala sucht eine hübsche, junge Frau einen Sitzplatz. Sie hat mit ihrem Chor prächtig gesungen. Ich biete ihr einen Platz an, neben mir, der frei ist. Es hat gefunkt, Liebe auf den ersten Blick. Wir sind seit 22 Jahren glücklich, seit zwölf Jahren ein Ehepaar und haben alle Probleme gemeinsam gemeistert.

Der Abend in Abensberg war der wichtigste in meinem Leben.

Armin Wolf, Regensburg

Die Herzlichen – die Fürsorglichen

Helmut Ohlschmid, Kirnberg, Wörth an der Donau

... mein erster Tag
bei der Maltherapie

Nach der Begrüßung wurden mir Ablauf und Materialien erklärt. Und dass ich alles benutzten darf. Zwischenzeitlich hat mir der Therapeut ein großes Blatt (80x100 Zentimeter) vorbereitet und meinte, ich könne jetzt beginnen.

Da saß ich nun, verunsichert und eigentlich schlecht gelaunt, habe ich doch schon im Stationszimmer mehrmals erklärt, dass ich nicht malen kann. Und jetzt soll ich malen. Nach einer Weile der Überlegung holte ich mir Wachsmalkreiden und begann widerwillig, mehr aus Frust als aus Lust, auf dem großen Papier rumzukritzeln. Zuerst Schwarz, dann Rot und so weiter, so dass sich viele Farbschichten übereinander bildeten. Dabei kamen vereinzelt die vorgelagerten Schichten wieder ans Licht

Und auf einmal wurde es interessant. Daraufhin begann ich mit den Fingerkuppen die inzwischen dicke Wachsmalschicht zu bearbeiten. Damit machte ich weiter, bis mir die Fingerkuppen schmerzten und ich regelrecht erschöpft war.

Dabei spürte ich seit langem wieder Energie in meinen Fingern. Am Ende der Stunde, bei der Besprechung der Bilder, war ich erschöpft, überrascht und auch erstaunt über die tieferen Schichten meines Ichs.

Ab diesem Tag ging ich gerne zur Mahltherapie.

... am nächsten Tag
bei der Kunsttherapie

Auch diese Form der Therapie wurde vom gleichen Therapeuten betreut. Auch da bekam ich eine Einweisung in Werkzeug und Material. Ich entschied mich gleich für ein großes Stück Holz, das in der Ecke stand und regelrecht wartete, bis einer kommt und es bearbeiten will.

Dann begann ich, dieses Stück Holz mit Stechbeitel und Klüpfel – ohne groß zu überlegen – zu bearbeiten. Stunde für Stunde. Die Intensität und das Interesse an diesem Stück Holz, was denn daraus entstehen wird, wurde von Tag zu Tag größer. Und mein Therapeut verstand es vorzüglich, mich immer wieder aufs Neue zu motivieren.

Nach vielen Stunden des Werkens ist aus diesem Stück Holz eine interessante Skulptur – für mich mit viel Aussagekraft – entstanden. Ich war sichtlich gerührt und auch ein wenig stolz auf diese Arbeit. Das war der Weg zu meiner Kunst. Seitdem habe ich viele Kunstwerke aus Holz, Stein und Metall mit Begeisterung und Hingabe geschaffen.

Im Nachhinein betrachtet, hat meine schlimmste Krise, der Aufenthalt in der Klink und insbesondere die Begegnung mit diesem Kunsttherapeuten, zu einer Bewusstseinserweiterung geführt. Und dafür bin ich dankbar.

Helmut Ohlschmid, Kirnberg, Wörth an der Donau

Helmut Ohlschmid, Kirnberg, Wörth an der Donau

Und dann kamst du ...
und du, und du, und du ...

„Einen Abend wie in einem Märchen" erlebten Familie Llugaxhija und ihre Gäste im Sommer 2018: Shefki Llugaxhija hatte Wegbegleiter seiner blinden Tochter Njomza eingeladen, um ihnen allen Danke zu sagen.

Njomza kam im Februar 2000 mit 700 Gramm als Frühgeburt in der 25. Schwangerschaftswoche zur Welt und hatte damit Glück. Ein Brüderchen von Nijomza hatte kein Glück: Der Junge kam 15 Jahre später in der 24. Schwangerschaftswoche zur Welt. Die Ärzte übergaben das lebende Kind dem Vater und sagten: „Wir dürfen nicht helfen!" Das sind die Vorgaben der Leitlinie für „Frühgeborene an der Grenze der Lebensfähigkeit". Der Junge musste sterben. Njomza überlebte, ist heute 19 Jahre alt und arbeitet als Betreuerin im Blindenwohnheim in Hemau.

Njomza war nach ihrer Geburt sechs Monate lang im Krankenhaus. Dann gab es die Diagnose „blind". Njomza ist 100 Prozent blind, hat aber einen Sehrest, so dass sie Bewegungen erkennen kann. Dieser Sehrest ist die Basis für ihren „Erfolg fürs Leben", strahlt ihr Vater.

Njomza besuchte den integrativen Kindergarten in der Lechstraße im Norden Regensburgs. Vier Jahre ging sie dann in die Montessori-Grundschule, immer mit Schulbegleitung. Es folgten fünf Jahre Hauptschule im Blindenzentrum in Nürnberg. Jeden Tag war sie von sechs Uhr in der Früh bis 18 Uhr unterwegs. Ab 2016 absolvierte Njomza eine Ausbildung für Sozialpflege am Berufsschulzentrum Regensburg Land. Einmal in der Woche gehörten dazu ein Praktikum im Pflegeheim Residenz und im Pater-Rupert-Mayer-Zentrum in Regensburg. Und seit November 2018 arbeitet Njomza 20 Stunden in der Woche als Betreuungskraft im Blindenwohnheim in Hemau. Sie entlastet die Pflegekräfte, führt mit Bewohnern Gespräche und hilft bei der Essensausgabe.

Wie Njomza zu ihrem Arbeitsvertrag kam, das wird ihr, der Familie und ihren Wegbegleitern, die zu dem märchenhaften Abend im Sommer 2018 gekommen waren, in ewiger Erinnerung bleiben: Njomza hatte sich in Hemau be-

worben und wartete auf eine Antwort. Bei dem märchenhaften Abend tauchte nach 20 Uhr ein Überraschungsgast auf. Es war Peter Bartenschlager von der Blindeninstitutsstiftung. Er hatte Njomzas Arbeitsvertrag dabei und legte ihr diesen zur Unterzeichnung vor. „Das war ein so eindrucksvoller Augenblick, den werden wir alle niemals vergessen", erzählt Vater Shefki – und hat fast Tränen in den Augen.

Nicht nur Njomza, die ganze Familie ist überaus glücklich, berichtet Shefki. Er hat dafür sehr viel investiert, immer wieder seinen Beruf aufgegeben oder die Arbeitsstelle gewechselt, damit er sich zusammen mit seiner Frau um Njomza kümmern, sie unterstützen und fördern kann, Zeit findet, um das alles zu organisieren. Zwei jüngere Schwestern haben ein sehr gutes Verhältnis zu Njomza und ihr viel geholfen, sie oft mitgenommen, berichtet ihr Vater. Und jetzt kümmert sich Njomza am Vormittag um ihren inzwischen fast dreijährigen Bruder, spielt mit ihm und hat viel Spaß mit ihm. „So gibt sie der Familie auch wieder sehr viel zurück", sagt der Vater und strahlt vor Freude.

Bei Njomza waren immer wieder Personen entscheidend, die sie begleitet und geführt haben, erzählt ihr Vater begeistert. „Die haben nicht nur ihre Arbeit gemacht, die haben Menschlichkeit gezeigt und vermittelt."

Warum erzählt Shefki Llugaxhija so ganz persönliche Dinge über seine Familie? „Wir haben so viel Verständnis, so viel Positives, so viel Unterstützung erfahren, das ist unbeschreiblich, das macht uns so glücklich." Vieles ist für ihn unfassbar und gar nicht selbstverständlich. Es habe sehr viel Engagement erfordert und sehr viel Mühe gemacht, „aber es hat sich gelohnt". Und diese Erfahrung will Njomzas Vater weitergeben: „Vielleicht hilft es ja jemandem

anderen, gibt jemandem neue Kraft." Und weiter sagt er: „Es gibt Sachen, die kann man nicht beschreiben, sondern nur erleben. Die ganze Lebensgeschichte mit Njomza macht uns glücklich, glücklich, glücklich …!"

Text: Engelbert Weiß, Regensburg; Fotos: Llugaxhija

Viele Mutmacher

Und dann kamst du ...
und hattest ein freundliches Wort
einen verständnisvollen Blick
eine unbürokratische Art
einen unbequemen, nicht sofort nachvollziehbaren Rat
wärmende Socken
eine liebevolle Fürsorge wie es Mütter haben
ein offenes Ohr für alle Anliegen
einen Anstoß, neue Wege zu gehen
das richtige Wort zum rechten Augenblick
Zeit, um nach guten Lösungen zu suchen
ein Gespür für die Bedürfnisse des Kindes
eine Begeisterung für deinen Beruf, die das Herz erwärmt
so viel Spaß und Freude mit deinen Schützlingen.
Daraus wuchs
Vertrauen und Zuversicht!
Die Angst vor der Zukunft nahm ab!
Ein großer Dank an alle Erzieher, Pädagogen, im Bereich der Behindertenarbeit tätigen Personen und viele Mutmacher wie
Martina, Sandy, Dr. Raabe, Frau Süß, die Sachbearbeiterin beim Bezirk Oberpfalz, Frau Busch, Pfarrer Hierl, Familie, Freunde, Nachbarn ...

Sandra Roggenbuck, Regensburg

Kleiner Unterschied

Auf dem

Rücken des Pferdes

braucht die Reiterin

keinen Rollstuhl mehr!

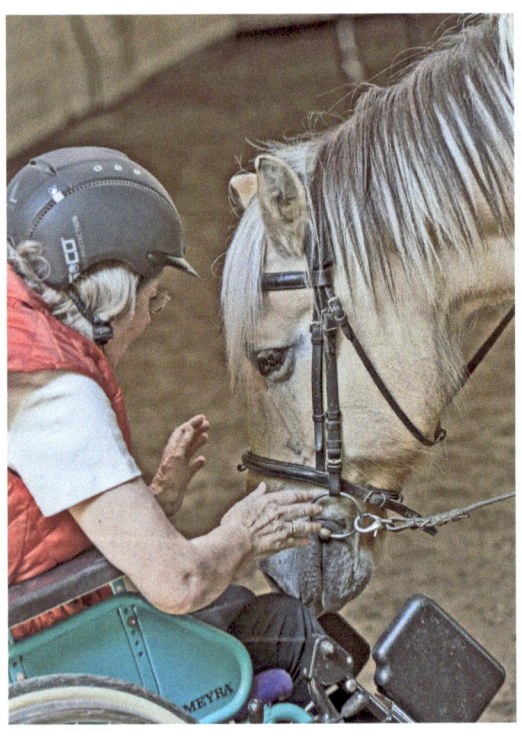

Text: Engelbert Weiß

Fotos: Uwe Moosburger/altrofoto.de

Jetzt waren wir Freunde

Schon in jungen Jahren war da diese Sehnsucht: einmal wie der kleine Prinz die Wüste erleben. Jetzt war ich 81, die Wunschreise, die Traumreise war da! Eine Reisegesellschaft mit ruhigen und lauten, fröhlichen und ernsten Menschen, mit Mühseligkeiten und Unternehmungsfreude. Und endlich, endlich kamen wir in das Erg Chebbi, endlich die Sandwüste, m e i n e Sand-wüste.

Drei Stunden hatten wir Zeit. Unsere Reisegesellschaft teilte sich: die einen blieben bei Tee und Gebäck vor der gastlichen Kasbah sitzen, eine Gruppe ging los. Ich wollte gerne alleine gehen und nahm eine andere Route. Es war kein Problem – wir waren in Sichtkontakt. Schuhe, lange Hose, langärmelige Bluse, Sonnencreme, Sonnenhut, Wasserflasche – an alles hatte ich gedacht – nur der Fotoapparat funktionierte nicht. Einerlei – ich wollte ja nur Weite, Ruhe, Ewigkeitsgedanken.

„Sie gehen barfuß???" Keine Spuren waren vor mir im Sand – wunderbar, den Sand zu spüren, die kleinen Körnchen, vom Wind rund geschliffen, warm und weich und fest zugleich, kein Einsinken, wie ich gedacht hatte. Langsam ging ich bergauf, ein bisschen nach links, wo der Sand ganz weich war, ein bisschen durch eine Senke, und immer war da diese wunderbare, singende Stille.

Nach etlichen Metern bergauf bot mir plötzlich ein junger Beduine – wo kam er her? Ich hatte ihn nicht bemerkt! – seine Begleitung an. Jung? 35, sagte er später, zahnlückig schon jetzt. Was für Farben! Das dunkle Gesicht unter dem weißen Turban, das Beduinenblau gegen ockergoldenen Sand, der strahlende Himmel!

Aber nein, ich wollte allein sein! „I don´t disturb, may be ein kleine Unterhaltung."

Nein, ich wollte keine kleine Unterhaltung. „I want no money!" – „Ok, no money." Da wusste ich freilich noch nicht, wie gerne ich ihm schließlich some money geben würde!!

Also gingen wir, ich vorne weg, langsam mit Stehenbleiben und Schauen und Staunen, er hinter mir. Manchmal zeigte er mir einen besseren Weg – DANKE! – manchmal fragte ich ihn nach seiner Familie: Mutter und fünf Schwestern, noch unverheiratet: seine Aufgabe! – nach seinen englischen, französischen, deutschen Sprachkenntnissen: Touristen, – nach seiner Schulbildung: keine Schule, zu weit weg. Yidir ist sein Name.

Es war eine wunderschöne Wanderung und seine Begleitung war unaufdringlich, freundlich, mal hinter, mal neben mir, hilfsbereit, wenn ich einsank in weichen, tiefen Sand.

Allmählich sank die Sonne immer tiefer, wurden der Sand kühler, die Schatten lang, alles war still und weit und andachtsvoll. Weit von mir und ein wenig höher die anderen, die sich allmählich auf den Rückweg machten. Und jetzt? – Jetzt erst sehe ich, wie steil ich doch bergauf gegangen war und wie tief meine Fußabdrücke im weichen Sand! Wie wieder zurück??? Fest mit den Fersen eintreten? Aber wie würde der Sand reagieren? Auch würde ich das Übergewicht kriegen, und nichts ist da zum Festhalten. Sollte ich auf dem Po rutschen? Auch da würde ich das Übergewicht kriegen und kopfüber fallen. Sollte ich mich hinlegen und der Länge nach seitlich rollen?? Wie verhält sich der Sand??? Ach, unerfahrene, dumme Touristin!

Da kommt Yidir – wo war er gewesen? „Macht nix, sit down. Nehme pieds!.“ ... Und ich setze mich auf den Hosenboden, er geht ein paar Schritte unter mich, und wahrhaftig, er zieht mich die ganze Düne hinunter! Jetzt waren wir Freunde und haben gelacht und gelacht und gelacht, und fast hätte ich ihn umarmt – aber das darf wohl nicht mal eine dumme, ahnungslose Touristin.

Text und Foto: Eva Witt, Regensburg, witt.eva@t-online.de

Mein Leben ist schön

Das wahre Märchen vom fröhlichen Himmelshund

Vor langer Zeit – es mögen wohl 29, 30 oder gar 31 Jahre gewesen sein – geschah etwas sehr Ungewöhnliches. Aus dem Paradies der himmlischen Hundewiesen stürzte unversehens ein Welpe in die irdische Welt, sehr nackt, sehr hilflos und sehr, sehr winzig.

Kein Bellen, sondern nur ein Maunzen und Wimmern war zu vernehmen, und sein Schnäuzchen war so klein, dass Milch ihm nur Tröpfchen für Tröpfchen einzuflößen war. Ein Wesen von vernünftigem Verstande konnte nicht glauben, dass das Hündchen den nächsten Mond noch würde schauen können. Doch sein kleines Kämpfer-Herz wurde immer kräftiger und trotzte dem widrigen Schicksalshauch der frühen Geburt.

Zwar blieb es ihm verwehrt, frei herumzuspringen wie die anderen Hündchen, im schnellen Spurt den Jäger zu begleiten oder mit seinen Gefährten im Laufspiel die Kräfte zu messen, jedoch erwarb er sich viele Fertigkeiten: er hörte wie ein Luchs, entwickelte ein Gedächtnis wie ein Elefant und wurde Herr über tausende von Worten, die er schneller aneinanderreihte als der Kolibri seinen Flügelschlag. Jedermann in Staunen versetzte seine kenntnisreiche Vorliebe für die Aneinanderreihung von Tönen, sei es von den pilzköpfigen Barden des verregneten Eilandes im Westen, den befreienden Trommelschlägen der dunkelhäutigen Bewohner der neuen Welt, den prunkvoll gesetzten Harmonien der Perücken tragenden Herren vergangener Zeiten oder von den Zither schlagenden Barbaren mit ledernem Beinkleid und entblößten Waden.

Das im Laufe der Jahre zu Kräften gekommene Hundekind unterteilte die Abschnitte zwischen Sonne und Mond in unverrückbarer Gewohnheit, so wie der frühe Ruf der Lerche und das späte Schlagen der Nachtigall der Helle des Lichtes gehorcht. Jeden Tag ging es zur selben Stunde an dieselbe Wegekreuzung, an dieselbe Linde, hob seinen rechten Hinterlauf, immer den rechten, niemals den linken, um seine Geschäfte zu verrichten. Wer immer ihn auf seinen Wegen begleitete, erhielt die Weisung, die gewohnten Pfade einzuhalten und nicht vom Wege abzuweichen.

Seinem Empfinden gehorchend, machte er sich des Morgens zu gewohnter Stunde auf, um in der Hundeschule die gebotenen Regeln des Miteinanders und das Erschnüffeln von Notwendigem sich zu eigen zu machen. Auch die Mannen der angeschlossenen Knochenschule mühten sich um Wohlerhaltung seiner Muskelfasern, die fester gespannt sind als der Bogen des kräftigsten Schützen und härter als der dickste Hundeschädel.

Dem Stande der Knochenfaserdehner näherte er sich in freundschaftlicher Neigung, trotz Ächzen und Pein, umso mehr, je öfter das Eis der bevölkerten Wege gewichen und das Grün des sprossenden Frühlings sich erneuerte.

In den Wochen, da die Sonne am höchsten steht, ward es ihm zur lieben Gewohnheit, in froh gestimmter Runde Artgenossen zu begegnen, in den östlichen Wäldern, da der germanische Luchs und der böhmische Bär sich Aug in Aug gegenüberstehen.

Auf dem Weg zum starken Jungtier streifte ihn jedoch mehrmals der kalte Odem der Parzen. Die Knochen der linken Lende verformten sich, zuvörderst die zarte Netzhaut des gut sehenden Auges. Sein Beißwerkzeug ging eines Teils verlustig, und vor wenigen Monden zersprang ein Knochenstück einer Vorderpfote im unglücklichen Sturze. Die zahlreiche Sippe jedoch umhüllte ihn mit ermutigenden Zeichen und stärkendem Futter, sodass ermattetes

Verzagen in den steinernen Festungen der Schar von Heilkundigen vom frohen Gemüte des Himmelshundes besiegt wurde.

Um die Körperkraft zu stärken und der Lust der Seele nach Begegnung Nahrung zuzuführen, umkreist der ausgewachsene junge Hund, Wind und Wetter trotzend, die kräftigen Baumstämme im heimischen Park. Dort trifft er auf mancherlei Gefährten samt ihren Begleitern: Luigi, Svenja, Tiziano, die große schwarze Gina, Bandita und Pasqua mit heller Farbe.

Die Lebensfreude hat ihn stark gemacht, die Lebensfreude beschenkt die irdische Welt mit seiner Fröhlichkeit, und sie wird auch das Tor künftiger Tage erleuchten.

Text: Helga Wunderer-Kiel

Erläuterung zum Text: Sohn Benedikt, im Jahr 1988 als sehr kleines Frühgeborenes mit 800 Gramm Geburtsgewicht, damals an der Grenze der Lebensfähigkeit, geboren, hat sich zu einem fröhlichen, sehr kommunikativen jungen Mann im Rollator und Rollstuhl entwickelt, der über sich selbst sagt:

„Mein Leben ist schön!"

Da würde ich gerne nochmal dabei sein

Hallo, ich bin die Steffi und ich habe Spastik in den Beinen und Gleichgewichtsstörung und noch einige andere Erkrankungen. Als ich ungefähr sechs Jahre alt war, hat der Arzt eine Skoliose festgestellt. Da habe ich Krankengymnastik gemacht und mit dem Reiten angefangen. Die Skoliose ist sehr viel besser geworden. Reiten ist mein größtes Hobby. Ich bin schon im Sattel geritten und mit dem Pferd über kleine Hindernisse gesprungen. Ich liebe

Pferde und beim Springreiten schaue ich gerne zu. Ich fahre mit meinen Eltern fast jedes Jahr im Herbst nach München zur Abschluss-Riderstour. Das ist sehr schön und ich freue mich immer darauf.

Mein schönstes Erlebnis war mein Besuch auf der CIAO Aachen und der Abschied der Nationen. Die Musik spielte „muss i denn, muss i denn zum Städtele hinaus" und die fast 50 000 Besucher und die Reiter haben dazu mit weißen Taschentüchern gewunken. Da würde ich gerne nochmal dabei sein!

Steffi Schinharl, Regenstauf; Foto: Uwe Moosburger/altrofoto.de

Gedicht für Felix

Öde Räume liegen zwischen uns
wir beide leben in getrennten Welten.

um uns zu berühren
müssen wir verdammt weit gehen
und verpassen einander oft.

du schimpfst dann laut
weil du schon lang am Treffpunkt auf mich wartest
und ich zu erwachsen bin
um zu ihm zu finden.

wenn es aber klappt mit unserem Date
ist regelmäßig Karneval in Rio
Metal rules, die Puppen tanzen
und die Funken stieben hoch hinaus
bis übers Dach von eurem roten Haus.

es muss schön sein bei dir drüben
nur wer wirklich glücklich ist
kann lachen so wie du

leider schaffe ich es nicht ganz bis hin zu dir
aber Danke, dass du dich ab und zu
wenigstens auf halber Strecke mit mir triffst

Udo Kaube, für Felix R.

Ganz schön lang
Nein, sorry, ganz lang schön!

Auch in diesem Herbst hängen die goldenen Früchte wieder schwer und trächtig in meinem Quittenbaum. Sie erinnern mich an die Äpfel der Unsterblichkeit im Garten der Hesperiden, die der Sage nach Herkules in einer seiner Prüfungen stehlen musste.

Ich verschenke sie gerne aus Dankbarkeit gegenüber der freigebigen Natur.

Und dann kam sie, Doris, um sich eine Kiste davon abzuholen.

„Ein bisserl musst Du warten, gleich hab' ich Zeit für Dich", sagte ich zu ihr, „ich muss gerade mit meinem Freund Klarinette üben für ein kleines Konzert."

Doris saß also da, trank ihr Tässchen Kaffee und hörte uns zu. Es muss wohl schön geklungen haben, denn sie lächelte und meinte: „das ist die Musik, die ich brauche für unsere Trauerfeier."

„Trauerfeier? Für wen?"

„Der Hospizverein und Donum Vitae", erklärte sie mir, „gestaltet einmal im Quartal eine Trauerfeier für Kinder, die zu krank oder zu klein waren, um zum Leben zu kommen. Könntet ihr diese Feierstunde musikalisch mitgestalten?"

„Da gibt's gar nichts zu überlegen", strahlte mein Freund Rupert, „das machen wir! Mit Freuden und sofort!"

Das ist nun jetzt schon ein paar Jährchen her, und immer noch spielen wir einmal im Vierteljahr bei diesen Trauerfeiern auf unseren Instrumenten.

Sie kam wegen der Quitten, und sie ging mit dem Versprechen der Musiker. Wie doch oft kleine Dinge im Leben eine lange Wirkung haben!

In meinem Falle ganz schön lang! Nein, sorry, ganz lang schön!

Richard Gabler, Regensburg

Unser Sonnenschein, unsere Prinzessin

„Es war ein Schock, aber sie war sofort unser Sonnenschein, unsere Prinzessin!" Die Eltern haben vor der Geburt nichts gewusst oder geahnt. Bei keiner Voruntersuchung ist etwas aufgefallen, bei keinem Ultraschall etwas festgestellt worden. Erst ein Bluttest einige Tage nach Elinas Geburt brachte die schockierende Nachricht: Down-Syndrom und zusätzlich noch ein weiterer Gendefekt.

„Elina hat unser Leben sehr verändert", erzählen die Eltern des dreieinhalbjährigen Mädchens. „Viele Dinge sind unwichtig geworden, andere haben einen ganz anderen Stellenwert bekommen." Natürlich sei es ein Schock gewesen. Und die Nachricht sei mit großer Traurigkeit verbunden gewesen. „Elina kostet viel Kraft." Aber die Eltern hätten ihr Kind niemals abgegeben. Es hätte auch keine Rolle gespielt, wenn sie vor der Geburt etwas gewusst hätten.

Während die Eltern von ihrer „Prinzessin", die sie ins Herz geschlossen haben, erzählen, darf Elina in der Halle reiten. Sie hat den Norweger Niko, ihr Therapiepferd, ins Herz geschlossen und stahlt nur so vor Freude. Das Therapeutische Reiten beim vkm Regensburg genießt Elina sehr. „Und es hilft ihr unwahrscheinlich", betont ihre Mutter.

Nach dem Therapeutischen Reiten ist Elina schon mehrmals zwei, drei Schritte ganz alleine gegangen. „Das hat sie vorher nie gemacht", berichtet Monika Reinsch begeistert. „Und sie gibt mehr Laute von sich. Es passiert etwas durch die Reittherapie. Und Elina liebt das Reiten und das Pferd", strahlt die Mutter des behinderten Mädchens. Sie sind so froh, dass sie zum Therapeutischen Reiten kommen können.

Text: Engelbert Weiß
Fotos: Uwe Moosburger/altrofoto.de

Und du warst weg

Du kamst
und mit dir das Licht ins Land,
Der Morgentau erfrischte die Seele,
die Schönheit der Nacht
war dunkel und voll,
das Feuer entfacht
… vollkommen.

Dann kam sie
und du warst weg.

Jutta Kellner, Regensburg

Frosch-Neugeburt, Speckstein

Helmut Ohlschmid, Kirnberg, Wörth an der Donau

Ein unbeschwerter Sommertag

Zwei Frauen laufen mir entgegen
im Park auf vertrauten Wegen,
in Alter und Ausdruck verschieden.
Die junge mit der Welt zufrieden,
entwachsen schon den Kinderschuh`n,
der Leute Augen auf ihr ruh`n.

Mit sorgsamem Blick die Mutter wacht,
während ihr Kind unbefangen lacht.
Die Liebe kennt keinen Weg zurück,
Sie kennt alle Facetten im Glück.

„Mama? die Leut schaun mich so an?"
„Hast halt a wunderschöns Kleidl an!
Hat halt nid jede, s`gibt auch viel Neid."
Hat nid jeder am Glück andrer a Freid.

Der Rock in kindlichem Stolze schwingt,
ein Jauchzen tief aus der Kehle dringt.
Zur Schaukel wirbeln die Beine hin,
will allen zeigen wie schön ich bin!
Will schwingen hoch, ganz ohne Rast,
„Mamaaa, sei froh, dass du mich hast!"

Was dieser erlebten Szene folgte, war ein wunderbares, tiefes Gespräch mit der sehr feinfühligen, starken Mutter einer 23-jährigen Frau mit Down-Syndrom. Wir saßen lange auf der Bank des Spielplatzes und redeten miteinander. Für mich, die schon einige Erfahrung im Umgang mit behinderten Menschen hatte, führte dieses Erlebnis dennoch zu einer für mich entscheidenden Wende.

Es gab mir den Mut bei Begegnungen mit Eltern und ihren kleinen oder großen Kindern mit Behinderung nicht mehr wortlos vorüberzugehen, sondern je nach Situation ein spontanes unbefangenes und ehrlich interessiertes Gespräch zu beginnen. Nicht ein einziges Mal habe ich damit schlechte Erfahrungen gemacht.

Renate Wienbreyer, Regensburg

Unterwegs

Der Weg auf dem goldenen Steg – wohin führt er?
Zu einer schönen Aussicht, ans Ufer, zu einem Ruhepunkt.

Mein Lebensweg – wohin er führt:
An mein Ziel, in eine wunderbare Zukunft, zu einem erfüllten Leben!

Text und Foto: Engelbert Weiß
Inspiration von der Landesgartenschau 2019 in Wassertrüdingen

Liebe Jevita,

es war Ende 2015. Ich hatte eine Reitbeteiligung auf einem Pferd, die sich für mich zunehmend zum Stress-Faktor entwickelte.

Da die Reitbeteiligung relativ teuer war, hatte ich das Gefühl, die Reitzeiten sinnvoll ausnützen zu müssen.

Vom Regen ...

Auch setzte ich mich selbst unter Druck, das Pferd anständig zu arbeiten und mich selbst weiterzuentwickeln. Dabei ging die Freude am Reiten und am Umgang mit den Pferden verloren. Es wurde eher zur Arbeit, zur Pflicht.

Dann wurde mir Anfang Januar 2016 die Reitbeteiligung gekündigt.

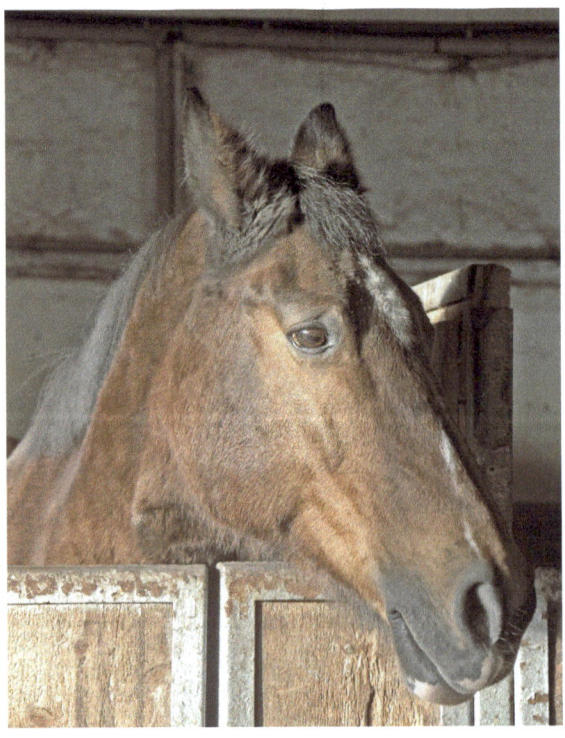

Und dann kamst Du, liebe Jevita. Da mich deine Besitzerin schon länger kannte, bot sie mir daraufhin an, dass ich mich um Dich kümmern darf. „Wann kannst Du denn?" fragte sie. „Täglich außer Mittwoch und Freitag", antwortete ich. Da war nämlich wegen der Voltigierer die Halle gesperrt und der Außenreitplatz war nach Regen oft ein paar Tage lang nicht benutzbar. „Gut, dann kümmerst Du dich montags, dienstags, donnerstags, freitags, samstags und sonntags um sie", meinte deine Besitzerin im Spaß. So wurde ich zum „Montags-, Donnerstags- und Samstags-Benno", wie mich Deine Besitzerin öfter vorstellte. Ich sollte Dich an den Tagen mindestens eine halbe Stunde bewegen. Deine Besitzerin gab mir ansonsten freie Hand. So gab sie mir die Möglichkeit, im Stall präsent zu bleiben und mich nach einer neuen Reitbeteiligung umzuhören. Für sie hatte es den Vorteil, dass sie Tage hatte, an denen sie sich nicht um Dich zu kümmern brauchte, Dich aber trotzdem in guten Händen wusste.

... in die Traufe?
Nein, in den Sonnenschein!

Wegen eines Sehnenschadens durftest Du nur noch Schritt gehen und ganz wenig traben. Und so führte ich Dich in den ersten Wochen in der Reithalle oder auf dem Außenreitplatz. Das Vertrauen deiner Besitzerin tat mir gut. Wegen deiner körperlichen Einschränkungen reduzierte sich der Anspruch weitestgehend darauf, mit Dir eine möglichst schöne Zeit zu verbringen. Kein „Ich muss noch galoppieren, damit Du Dich auspowern kannst". Kein „Für das viele Geld kannst Du nicht nur spazieren gehen. Die Besitzer erwarten von Dir, dass Du das Pferd richtig arbeitest" mehr. So fielen der Druck und die Erwartungen weg und ich konnte mit Dir entspannen. Und mit der Entspannung kam die Freude an der Arbeit mit den Pferden zurück.

Als der Frühling kam und es abends länger hell blieb, ging ich mit Dir oftmals in der Gegend um den Reitstall Schritt spazieren. Dann hatten wir einen passenden Sattel für Dich. Damit konnte ich die Gegend auch von Deinem Rücken aus erkunden oder auch einfach nur in der Reithalle oder auf dem Außenreitplatz reiten. Durch das vorherige Führen an der Hand hatten wir genug Vertrauen zwischen uns aufgebaut, sodass es auch im Gelände schnell mit Dir gut klappte.

Nach einigen Mona-
ten nahm ich zwar
eine Reitbeteiligung
auf einem anderen
Pferd auf, das ein
paar Jahre älter war
als Du, aber noch tra-
ben und galoppieren
durfte. Das hat mir
auch viel Spaß ge-
macht. Trotzdem hielt
ich Dir und Deiner Be-
sitzerin die Treue –
bis zum Schluss.

Liebe Jevita, ich
danke Dir für zwei
wundervolle Jahre zu-
sammen. Du hast mir
den Spaß am Reiten
und am Umgang mit
den Pferden zurück-
gegeben.

Anonym

Wie die Hippotherapie
nach Regensburg kam

Mitte der 80er-Jahre war ich als Physiotherapeutin im Pater-Rupert-Mayer-Zentrum und im Kinderzentrum St. Martin in Regensburg beschäftigt. Neben meiner Leidenschaft für den Beruf liebte ich Pferde. Ich nahm seit meinem zwölften Lebensjahr Reitunterricht. Da lag es nahe, beides miteinander zu verbinden und Hippotherapie anzubieten. Dazu musste ich zunächst eine Fortbildung und Prüfung absolvieren. Mein Arbeitgeber unterstützte mich dabei nicht, vielleicht fürchtete er die Folgekosten. So nahm ich Urlaub und absolvierte den Kurs in Calw (Schwarzwald). Als das geschafft war, wollte ich loslegen und Kindern mit dem Pferd und Reiten helfen. Dazu mussten ein Ort und ein Träger gefunden werden. Ich fand ihn im südlichen bayrischen Wald, fast eine Autostunde entfernt. Dort sammelte ich erste Erfahrungen und konnte tolle Fortschritte sehen, insbesondere im Hinblick darauf, wie die Kinder mutiger wurden und in ihrer Persönlichkeit wuchsen. Es lohnte sich weiter zu kämpfen, um Hippotherapie in Regensburg anzubieten.

Eltern aus dem Regensburger Kinderzentrum, ganz besonders das Ehepaar Weiß, unterstützten mich. Zusammen nahmen wir u. a. Kontakt zum Spastiker-Verein auf, so hieß der vkm früher. Der Vorstand war zuerst nicht begeistert. Das ging sogar so weit, dass wir schon an die Gründung eines eigenen gemeinnützigen Vereins dachten. Doch der frische Schwung der neu hinzukommenden Eltern siegte letztendlich über die Bedenken. Insbesondere Maria Hauschild hatte sich damals intensiv dafür eingesetzt, das Therapeutische Reiten beim vkm weiter auszubauen und auch die notwendigen Versicherungen dafür abzuschließen. Endlich konnte die Hippotherapie in Regensburg durchstarten. Viele Vereine wurden unser Domizil, wir zogen öfter um. Neue Helfer bauten das Therapeutische Reiten weiter aus. Ich bin schon stolz auf das, was der Verein geschafft hat und noch schaffen wird.

Klein fing es an und auch damals war der Weg steinig. Ich kannte mich bisher als Sprinterin im Kampf, etwas zu erreichen: Berge versetzen, aber bitte gleich. Ich weiß nicht mehr, wie lange es gedauert hat, die Hippotherapie in Regensburg aufzubauen, aber ich weiß, dass ich über mich selbst erstaunt war, so lange an der für die Kinder, deren Eltern und für mich wichtigen „Sache" dabeizubleiben. Und ich freue mich, dass aus der „Sache" ein so großes Ding geworden ist. Und noch viel mehr Ausdauer und Zähigkeit bieten Christa und Engelbert Weiß auf, um Kindern und Erwachsenen therapeutisches Reiten oder inklusives Reiten anzubieten. Sie sind von Anfang an dabei. Gerade geben sie wieder alles, damit ein eigenes Zentrum entstehen kann. Hoffentlich ist es bald soweit. Das wünsche ich mir für euch alle sehr!

Verena Jorda, Birkenau

Es ist einfach so!

Es ist einfach so!

So ist es einfach

Einfach so ist es

Ist es einfach so?

Perspektiven ändern

Gegebenheiten ändern

Das Bunte neu platzieren

In den Mittelpunkt rücken

Ist es so einfach?

Renate Wienbreyer, Regensburg

vkm Regensburg

... und dann kamst du
– und bist so anders ...

Jeder Mensch ist anders
Irgendwie anders
Manche Menschen sind besonders anders

Weshalb wird dieses Anders-Sein manchmal als ungewohnt empfunden?

Weshalb wird dieses Anders-Sein möglicherweise als störend empfunden?

Manchmal bedarf es nur einer kleinen Veränderung
Manchmal bedarf es nur eines Hilfsmittels –
und dieses Anders-Sein verschwindet, ist nicht mehr relevant.

Probieren Sie es aus:

Nehmen Sie einen Stift zur Hand und legen Sie diesen über die horizontale Mittelachse des Bildes auf Seite 94 (gegenüber) genau über den Schriftzug „vkm Regensburg". Sie werden überrascht sein!

Sie sahen vorher auf dem Bild drei Farben: obere Hälfte, untere Hälfte und Schriftzug. Und wie viele Farben sehen Sie jetzt?

Christa Weiß, Regensburg

Grafik: Engelbert Weiß

Vom Glück
auf dem Rücken eines Pferdes

Als Jugendliche war ich bereits beim Reiten. Damals in Beratzhausen beim Wastl.

Es kam wie es kommen musste, irgendwann bin ich vom Pferd gefallen. Daraufhin haben mir meine Eltern das Reiten verboten. Damals war die Zeit noch anders, ich habe schwersten Herzens auf sie gehört.

Durch meine Krankheit Multiple Sklerose habe ich den Traum vom Reiten eigentlich schon begraben. Doch dann, nach über 40 Jahren, kam mir der Zufall zu Hilfe. In unserem Wohnort ist ein Reiterhof und dort bot eine relativ gut ausgebildete Therapeutin auf einem relativ schlecht ausgebildeten Pferd so eine Art Therapeutisches Reiten an. Wie auch immer, es hat mir gutgetan und es hat mir gefallen.

Nebenbei hat dort mein Mann Kontakt zum Besitzer des Stalls bekommen. Und als Folge davon war er einige Zeit als Stallknecht (so hat er sich selbst bezeichnet) auf dem Pferdehof tätig.

Leider hat diese Therapeutin aus gesundheitlichen Gründen ihre Arbeit beenden müssen. Es hat sich auf dem Hof dann zwar jemand gefunden, der diese „Therapie" weitergeführt hat. Dafür bin ich heute noch dankbar, denn diese Person war nicht für den Umgang mit behinderten Reitern ausgebildet und das Pferd noch viel weniger. Aber sie hat sich sehr bemüht und sie wollte mir einfach was Gutes tun. Nur, irgendwann musste kommen, was nie passieren sollte: ich bin wieder vom Pferd gefallen (weil es gescheut hat) und das hätte sehr böse ausgehen können. Also war es mit dem Reiten auf diesem Gestüt vorbei!

Ich wollte aber wieder aufs Pferd. Im Internet und durch Hinweis einer Zufallsbekanntschaft stieß ich auf den vkm Regensburg. Und das war ein Glücksfall für mich. Zufällig war gerade ein Termin frei, den ich übernehmen konnte. Von Anfang an hatte ich das Gefühl: hier bist du richtig! Ich weiß nicht, wer seine Sache besser macht: die Therapeutinnen oder die Pferde? Alles passt einfach.

Mir persönlich bringt das Reiten mehr als jede Krankengymnastik, welche ich auch über viele Jahre hinweg gemacht habe. Das einzige was ich bedauere ist, dass ich nicht früher zum Therapeutischen Reiten beim vkm gekommen bin.

Brigitta Pielmeier, Bernhardswald
Fotos: Uwe Moosburger/altrofoto.de

Gemeinsam Brücken für die Menschen in Ostbayern bauen

Jahn Präsident Hans Rothammer zum Sozialengagement des SSV

Mit „Jahn Sozial: Brücken für Regensburg" betreibt der SSV Jahn eine umfangreiche Sozialinitiative. Elf Projekte finden regelmäßig statt, einige davon auch speziell für Menschen mit einer körperlichen oder geistigen Beeinträchtigung. Eine echte Herzensangelegenheit, auch für den Vorstandsvorsitzenden Hans Rothammer.

„Wenn ich das Lachen der jungen Künstler sehe, dann ist das die schönste Belohnung, die wir für unser Tun bekommen können", erklärt Hans Rothammer am Rande der zurückliegenden „Jahn Vernissage", die der SSV Jahn Regensburg seit Jahren gemeinsam mit dem Förderpartner, der Ratisbona Handelsimmobilien GmbH, ausrichtet. Ein Fußballverein, der sich mit Kunst beschäftigt, ist an sich schon außergewöhnlich. Noch außergewöhnlicher sind aber die Künstler selbst, deren Werken hier eine prominente Bühne bereitet wird. Es geht um kunstinteressierte Kinder und Jugendliche des Team Bananenflanke e.V., die einmal pro Woche im sogenannten „Bananenkistl", einem Kunstatelier am Dachauplatz, an ihren Werken arbeiten. Wie bei der vielbeachteten „Bananenflankenliga" unterstützt der SSV Jahn hier als Kooperationspartner. Regelmäßig schauen Profis im Atelier vorbei, nehmen sich Zeit für die Künstler und schwingen dabei auch selbst den Pinsel.

Das große Highlight für alle Beteiligten: Im Zuge der Jahn-Vernissage werden die Kunstwerke ausgestellt und zugunsten des Team Bananenflanke versteigert. Zur Begeisterung der Künstler, zu denen seit Jahren unter anderem Anna Schmalhofer gehört: „Ich bin so glücklich", sagt die junge Künstlerin. „Ich hätte nie geglaubt, dass die Bilder so viel Geld einbringen. Das macht mich schon stolz." Mehrere tausend Euro kamen in den zurückliegenden Jahren regelmäßig zusammen. Für Hans Rothammer, der die Veranstaltung dabei moderiert, zählt aber vor allem ein anderer Aspekt: „Zu sehen, wie sich die Künstler freuen, inspiriert mich ungemein. Wir bekommen hier vor Augen geführt, welches Privileg wir als Profifußballclub haben. Wir können mit ganz wenig unheimlich viel bewegen. Ein wunderschönes Gefühl."

Die große öffentlich-mediale Aufmerksamkeit nutzen, um dabei zu helfen, Brücken für Menschen in der Region zu bauen, die sich in ihrem Leben mit Hindernissen konfrontiert sehen. Genau darum geht es Jahn Sozial. „Der SSV Jahn will ein würdiger Botschafter für die Region Ostbayern sein. Das gelingt uns in sportlicher Hinsicht inzwischen erfreulicherweise sehr gut. Das soll aber auch weiterhin über die Spiele unserer Profimannschaft hinaus gelten. Deshalb betreiben wir dieses intensive Engagement bereits seit Jahren", erklärt Hans Rothammer. „Etwas an unsere Heimatregion zurückzugeben sehen wir als große Verpflichtung an. Dieser Verantwortung sind wir uns sehr bewusst."

Über 70 Veranstaltungen, unter anderem auch über das Projekt „Jahn Motivation" an Schulen oder den „Jahn Besuch" an ostbayerischen Krankenhäusern, veranstaltet der SSV Jahn im Jahr. Dafür, dass dieser große Aufwand betrieben werden kann, sind auch verschiedene Partner verantwortlich – allen voran die TELIS FINANZ AG, ihres Zeichens Hauptförderer von Brücken für Regensburg. „Gemeinsam mit den Unternehmen aus unserem Sponsoren-Netzwerk wollen wir auch in den kommenden Jahren Brücken für die Menschen in der Region bauen", sagt Hans Rothammer und freut sich auch in Zukunft auf viele lachende Kindergesichter.

Martin Koch
Leiter Medien & Kommunikation

Verbogene Kreise rund machen

Es ist was anders als bei den Anderen. Ein Handicap, eine Einschränkung, eine Behinderung, eine Krankheit – oder ein Zufall, der zum Unfall wurde? Wie auch immer, etwas fehlt, der Kreis ist nicht rund.

Ich habe zuschauen und ein wenig aus der nahen Ferne miterleben dürfen, wie man oder vielmehr frau verbogene Kreise rund macht. Es ist kein Zauber, aber es ist etwas Zauberhaftes. Es ist die Liebe und es sind ihre beiden Töchter, die Güte und die Geduld. Sie können Menschen, von denen man glauben müsste, ihnen fehle etwas zum Glück, glücklich machen. Der österreichische Lyriker Erich Fried, gestorben 1988 in Baden-Baden, hat das so schön formuliert:

Was es ist

Es ist Unsinn

sagt die Vernunft

Es ist was es ist

sagt die Liebe

Es ist Unglück

sagt die Berechnung

Es ist nichts als Schmerz

sagt die Angst

Es ist aussichtslos

sagt die Einsicht

Es ist was es ist

sagt die Liebe

Es ist lächerlich

sagt der Stolz

Es ist leichtsinnig

sagt die Vorsicht

Es ist unmöglich

sagt die Erfahrung

Es ist was es ist

sagt die Liebe

Heinz Klein, Brennberg

Abdruck des Gedichts genehmigt:

Danke für den Herzinfarkt?

Pech gehabt oder Glück gehabt, diese Frage stelle ich mir seit meinem Herzinfarkt immer wieder. Pech gehabt, weil es mich erwischt hat. Warum gerade mich? Warum gerade zu dieser Zeit? Natürlich hatte ich Wochen vorher öfter mal Schmerzen im Brustbereich. Und das Radfahren hat mich mehr angestrengt, als vorher. Deshalb war ich ja auch beim Kardiologen und ließ mich untersuchen: Keine Anhaltspunkte für Probleme.

Und dann kam er und hat mich erwischt. Nach dem Frühstück waren die Schmerzen kaum mehr auszuhalten. Lange hatte ich gezögert, es kann doch nicht sein, es darf nicht sein! Doch dann bat ich meine Frau, den Notarzt zu rufen – in letzter Minute, wie sich später herausstellte. Nach sieben Minuten waren die Lebensretter bei mir. Das EGK lieferte sofort die Diagnose: Vorderwandinfarkt. Eine zweite Messung bestätigte es. „Jetzt pressiert's aber", hörte ich den Sanitäter noch. Schnell auf die Trage und ab in den Sanka.

Dort wurde sofort der Defibrillator vorbereitet, mir das Hemd ausgezogen. Der Sanitäter reichte es meiner Frau und sagte: „Das brauchen wir jetzt nicht mehr!" Ein komisches Gefühl überkam meine Frau, wie sie mir später – glücklicherweise – berichten konnte.

Auf der Fahrt zur Klinik wurde ich ohnmächtig. Später fehlte mir ein Stück Erinnerung vom mir bekannten Weg zum Krankenhaus. „Herr Weiß, Herr Weiß", hörte ich dann auf einmal. Mir kribbelte es am ganzen Körper. Dass kurz vorher der Einsatz des Defibrillators mein Leben gerettet hatte, mich ins Leben zurückgeholt hatte, war mir zu diesem Zeitpunkt nicht bewusst.

An der Uni-Klinik war alles bestens vorbereitet. Ich konnte den Eingriff an meinem Herzen bei vollem Bewusstsein mitverfolgen. Vier Tage später war ich wieder zuhause bei meiner Familie. Lange kämpfte ich mit Angst, sogar Panik, dass mich so etwas jederzeit wieder treffen könnte, jeden Tag, jede Minute, mich selbst ebenso wie jeden anderen Menschen, jeden mir nahestehenden oder auch unbekannten Zeitgenossen.

Jeder Tag meines Lebens ist seitdem ein großes Geschenk, wie eine Gratiszugabe! Es hätte ja mit dem Herzinfarkt zu Ende sein können. Ich hatte so großes Glück. Viele andere hatten dieses Glück nicht. Warum hat es mich getroffen? Warum hatte gerade ich so viel Glück und den Infarkt überlebt? Pech gehabt und viel Glück gehabt. Danke fürs Überleben dürfen!

Ich genieße jeden Tag, schöpfe aus dem Erlebten viel Lebensfreude, kann so manches „Problemchen" im Alltag jetzt viel lockerer nehmen als früher. Das Leben schätzen und es  genießen, das lässt hoffen, das macht glücklich, das ist Lebensfreude, jeden Tag aufs Neue! Diese Lebensfreude kann sich niemand kaufen, sie muss von innen kommen, aus Überzeugung, sie muss und sie kann erlebbar sein!

Text: Engelbert Weiß, Regensburg
Grafik: pr-isolde hilt/plural design, Alexander Nuißl, Regensburg

Hoch auf dem gelben Wagen

Kurz vor Weihnachten durfte ich mit meinen Eltern ein Konzert meiner absoluten Lieblingsband Quadro Nuevo im Aurelium in Lappersdorf besuchen. Es war wie immer grandios! Neben Weihnachtsliedern und Songs, die ich kannte, stellten sie auch ein neues Stück ihrer geplanten CD „Volkslieder reloaded" vor, das war klasse! Mein Rollstuhl war neben der Stuhlreihe an der Seite geparkt. Am Ende des Konzerts, nach vielen schmissigen Zugaben, gingen die Musiker von der Bühne, aber da blieb Mulo, der Chef der Truppe, kurz bei meinem gelben Rolli stehen und schaute ihn interessiert an. Gelb ist nämlich meine Lieblingsfarbe.

Nach dem Konzert stieg ich wieder in meinen Rolli und wir warfen im Foyer noch einen Blick auf den

Tisch mit den CDs. Da kam Mulo auf mich zu. Er erkannte mich als treuen Fan und sagte: „Ach, Dir gehört der gelbe Rollstuhl! Ich hätte eine Frage an Dich. Wir wollen zu jedem Lied unserer neuen CD, auch zu „hoch auf dem gelben Wagen" ein kurzes lustiges Video drehen, auf dem wir den Song vorstellen. Für den gelben Wagen möchten wir mit möglichst vielen unterschiedlichen gelben Gefährten unterwegs sein. Hast Du Lust, mit Deinem gelben Rollstuhl dabei mitzumachen?" Da brauchte ich nicht lange zu überlegen...

Im April war es dann endlich so weit. Wir trafen uns mittags am Prinzregententheater in München, wo wir eine Stunde Zeit für den Video-Dreh hatten. Alle waren dabei, ein Kameramann, Mulo Francel mit seinem Saxophon, DD Lowka mit dem Kontrabass, Evelyn Huber mit ihrer goldenen Harfe, Andreas Hinterseher, Akkordeon, und Chris Gall an einem Klavier, das vor dem Eingang aufgebaut war, supertoll. Mulo fuhr mich in meinem Rolli für den Dreh einige Male die lange Rampe zum Theatereingang hinauf, Andreas überholte uns dabei immer wieder mit einem gelben Fahrrad; und oben am Eingang dann: Musik, mit Tanz, Spaß und guter Laune! Und alles wurde gefilmt. Schade, dass es so schnell vorbei war.

Könnt Ihr Euch vorstellen, welche Musik ich gerade rauf und runter höre?

Benedikt Kiel, musikbegeisterter Rollifahrer

(beim Text unterstützt von Vater Hans-Jürgen Kiel)

Mit dem „zweiten Leben" zufrieden

Mein Name ist Sabrina Jobst und ich bin 1989 geboren. Ich lebe mit meinen Eltern, meiner Schwester und meiner Oma in Hohenschambach.

Ich ging in Riedenburg auf die Johann-Simon-Mayr Realschule und es gefiel mir dort richtig gut. Das Lernen fiel mir sehr leicht, sodass ich eine sehr gute Schülerin war. Mein Ziel war, die Mittlere Reife zu machen, dann die Fachoberschule absolvieren, um Innenarchitektur zu studieren.

Mein Freundeskreis war groß und ich hatte viele Hobbies: Snowboarden, Tennis, Schwimmen, Radfahren und Inlineskaten.

Alles in Allem war ich sehr sportlich, sodass es in meinem Leben keine Langeweile gab. Ich lebte „unbeschwert in den Tag hinein" und dachte nicht weiter über mein Leben nach ...

Und dann kam: Der 1. Juni 2003

An diesem Sonntag hatte ich einen schweren Verkehrsunfall, und mein „Zweites Leben" begann.

Ich erlitt ein sehr schweres Polytrauma und noch etliche lebensbedrohliche Verletzungen. Mein Leben hing monatelang am sprichwörtlich seidenen Faden.

Es folgte ein zehnmonatiger vollstationärer Aufenthalt in verschiedenen Kliniken und anschließend nochmal sieben Monate in einer Tagesklinik.

Dort musste ich alles neu erlernen: Essen und Trinken, Laufen usw.

Doch ich habe es geschafft und mich in ein relativ normales Leben zurückge-kämpft.

Ich habe den Hauptschulabschluss am Pater-Rupert-Mayer-Zentrum (PRMZ) gemacht, meinen Führerschein geschafft, bin seit Jahren in einer festen Beziehung und habe einen Arbeitsplatz gefunden.

Ich bin dreimal pro Woche im Neurologischen Nachsorgezentrum (NNZ) an den medizinischen Einrichtungen des Bezirks Oberpfalz (MedBO) beschäftigt. Die Arbeit ist abwechslungsreich und macht mir großen Spaß.

Meine Arbeitskollegen sind sehr nett, sodass einige Freundschaften entstanden sind.

Am PRMZ schloss ich Freundschaften, die bis heute halten und sicherlich auch weiterhin halten werden.

In der Jugendgruppe Herkules des vkm Regensburg gibt es viele, mit denen ich mich gut verstehe und gerne einen Teil meiner Freizeit verbringe. Das Freizeitangebot ist vielfältig und ich nehme gerne daran teil.

Alles in Allem kann ich mein „Zweites Leben" so gestalten, dass ich zufrieden bin.

Sabrina Jobst, Hohenschambach, Hemau

An da Doana

Bin an da Doana gsessn,
grod so für mi,
staad fliaßt's dahi,
duad se ned vül,
host doch des Gfuhl:
Do konnst de Zeit vagessn

Unter de Baam, de oltn,
draunna, sinniern,
Bilder aafspürn,
im Kopf vasteckt,
wieda entdeckt,
lang im Gedächtnis bholtn.

Bin an da Doana gsessn,
hob für mi denkt:
S'Lebm is da gschenkt,
schau d'Vögl o,
mochs grod a so:
Olls, wos de druckt, vagessn.

Konnst da de Freiheit nemma,
einfach nix doa,
do aaf'm Stoa
schaua und hörn,
lang davo zerrn
und, wenn's is, wieda kemma.

Birgit Stadler, Wiesent

Das nicht Vertraute

Mit meiner dreijährigen Tochter gehe ich über den Hof der heilpädagogischen Einrichtung Kloster Reichenbach. Auf der anderen Seite schlendert ein Mann in unsere Richtung. Die Hand meiner Tochter verkrampft sich und drückt die meine fest, sie rückt ängstlich nahe an mich heran, weil sie sieht und spürt, dass dieser Mann sich anders bewegt und grüßt, als sie es kennt. Da stimmt was nicht! Wie wird Mama reagieren?

Mama ruft hinüber „Hallo, Erwin, na, was hast du heute noch so vor? Schau, heute bin ich mal mit meiner kleinen Tochter da!"… Die unbefangene Stimme und Reaktion reicht aus. Das ist alles, was das Kind braucht – die Sicherheit der Mutter in dieser Situation. Die Hand wird locker, meine Tochter springt wieder neben mir her und schaut sich neugierig um. Erwin winkt, sie winkt zurück.

„Schau da nicht so hin!", „Glotz den nicht so an!"

Mit solchen Sätzen wuchsen früher viele Kinder auf, wenn es zu einer der eher seltenen Begegnungen mit behinderten Menschen kam. Das Ergebnis des ausgesprochenen Verbots war, dass man sich nicht mehr traute das wahrzunehmen, was auf neue und spannende Art und Weise anders war, als es die eigene Erfahrung bisher kannte. Verschämt und in der natürlichen Neugier gebremst lenkten solcherart belehrte Kinder den Blick demonstrativ in eine andere Richtung. Dieses Wegschauen brauchte so viel Mühe und Kraft, dass es als Verkrampfung spürbar war.

Begegnungen mit nicht Vertrautem sind auch heute noch für viele durchaus offene Menschen schwierig, weil sie unsicher machen. Jeder ist gefordert die eigene individuelle Hemmschwelle neu zu justieren.

Was dabei hilft? Ganz einfach Wissen und Kontakt. Je früher Kinder mit Formen von Behinderung in Berührung kommen, desto unbefangener agieren sie.

Hinschauen erlaubt!

Kinder müssen hinschauen dürfen, um zu begreifen, was anders ist. Sie müssen ihre Fragen stellen können, damit sie einschätzen lernen, welche Art von Kontakt für sie möglich ist. Insbesondere brauchen sie das Vorbild von Erwachsenen. Sie brauchen die Einsicht von Erziehenden zu Hause und in den Institutionen so früh wie möglich, sei es durch mittlerweile sehr brauchbare Bilderbücher oder einen direkten Kontakt, altersgerechte Informationen anzubieten.

So früh wie möglich sollte jedes Kind erfahren, dass es viele Menschen gibt, die nicht einer engen Normierung entsprechen. Die Erfahrung der menschlichen Vielfalt kann sich so begreifend und wertschätzend in ihr Menschenbild und ihr Lebenskonzept einnisten.

Renate Wienbreyer, Regensburg

Und dann kamen wir zu Goldmarie

Unsere Tochter Emma war drei Jahre alt. Sie war ein zartes, kleines, lustiges Wesen – mit einigen Problemen in ihrem jungen Leben. Wir gingen mit ihr zu einer Ergotherapeutin. Und von ihr bekamen wir einen Tipp. Wir sollten uns das Therapeutische Reiten einmal ansehen.

Für mich waren Pferde schon immer faszinierend – aber nur aus der Ferne! Nun soll ein Pferd in meine Nähe kommen. O je, was kommt da auf mich und unsere Tochter zu?

Und schon wurde es ernst. Wir kommen im Reitstall an. Wir wurden freundlich begrüßt. Ehe wir uns so richtig umsehen konnten, stand ein großes Pferd vor uns, die Goldmarie. Und es wurde nicht lange gefragt, ob ich mit meiner Tochter aufsteigen wolle, um sie beim Reiten auf dem Pferd zu stützen. Ich hatte das Gefühl, das wurde wie selbstverständlich erwartet.

„Ich kann es ja einmal probieren", sagte ich und stieg – unter fachkundiger Anleitung – auf das Pferd. Und die Therapeutin setzte unsere Tochter vor meinem Bauch aufs Pferd.

Und dann saßen wir beide auf dem großen Pferd. Es war kein Traum, es war tatsächlich so! Was nun?

Das Pferd setzte sich langsam in Bewegung. Ich war sehr verkrampft und fand es abenteuerlich.

Nach ein paar Runden in der großen Halle ging es aber schon besser. Ich merkte, durch die Bewegung des Pferdes veränderte sich etwas in meinem Körper – und in meinem Kopf. Ich empfand das alles sehr positiv.

Und auch unsere Tochter war begeistert. Sie empfand das Reiten sehr lustig. Sie blieb jahrelang dabei.

Durch die Bewegung auf dem Pferd und den Umgang mit dem Pferd Goldmarie hat unsere Tochter große Entwicklungssprünge gemacht. Emma war auf sich sehr stolz, weil sie ein Pferd selbständig reiten konnte.

Meine positive Erfahrung mit dem Pferd und auf dem Pferd hat sich insoweit gefestigt, dass ich sogar selber zum Reiten gekommen bin. Und ich reite bis heute immer noch sehr gerne!

Eine Mutter, die anonym bleiben möchte

Und dann kamst du, liebes Kind, in unsere Welt …

Du hast eingeschlagen wie ein Komet, leuchtend und mit voller Wucht. Schlichst dich ohne Gebrauchsanweisung und Garantie in unsere Herzen ein. Hast uns vom ersten Tag an vertraut und dein Leben in unsere Hände gelegt. Du bist anders als wir dich uns vorgestellt haben, dennoch einzigartig und genau richtig für uns. Du stellst uns Fragen, auf die wir die Antworten noch nicht kennen, aber mit dir suchen möchten. Du hältst uns den Spiegel vor, und wir blicken tief in unsere eigenen Augen, ob wir es wollen oder nicht. Du liebes Kind verzauberst, liebst uns bedingungslos, verdrehst die Welt. Geh deinen Weg, und wenn Du uns im Herzen mitträgst, dann sind wir froh.

Und dann kam ich in Eure Welt …

Ihr habt mich angenommen, so wie ich bin: klein, zerbrechlich und voller Geheimnisse. Eure warme Hand auf meinem Bauch, eure Arme die mich tragen, hier bin ich sicher. Ihr singt das Lied auch 1000 Mal, solange, bis ich schlafen kann. Ich bin nicht perfekt, aber ich will lernen, von euch – mit euch. Ich will Ich sein dürfen, gemeinsam mit euch. Zeigt mir eure Welt, dann kann ich euch meine zeigen. Entfacht mein Feuer und lasst meiner Fantasie freien Lauf. Habt keine Angst vor dunklen Wolken, denn ohne Regen gibt es keinen Regenbogen. Haltet mich fest in eurem Arm. Lasst mich gehen, sobald ich meine Kindheit zurücklassen will – dann will ich immer wiederkommen.

Jutta Kellner, Regensburg

Wenn Kinder Kunst machen

Christa Weiß vom vkm Regensburg lud mich ein, mit behinderten und nicht behinderten Kindern im Pferdestall künstlerisch zu arbeiten, was mich überaus freute. Für mich sind Kinder ganz besondere Wesen, sie sind Beziehungswesen und an einem Miteinander interessiert, sie sind offen, vorurteilslos, tolerant, neugierig und begeisterungsfähig. Sie sind kleine Forscher und Entdecker, sie bringen durch ihre Anwesenheit Licht, Glück und Wärme in ihre Umgebung. Sie spüren, wer es gut mit ihnen meint und sie können sich vertiefen in das, was sie gerade tun und leben im Hier und Jetzt. Kinder begeistern mich, sie begeistern ihre Umwelt, sie wollen immer etwas Neues ausprobieren, sind unglaublich kreativ, sind talentiert und finden alles interessant. Naturnah erlebte ich mit den kleinen und großen Menschenkindern und den sanften Pferden eine wunderbare, entspannte und glückliche Atmosphäre an diesem wunderschönen warmen Sommertag.

Mit Papier, leuchtenden Farben, Pinsel, Lappen und Schwamm und manchmal auch mit reichlich Körpereinsatz entstanden zahlreiche wunderbare und auch märchenhafte Werke. Arbeiten, die etwas Geniales innehatten, etwas Besonderes waren und in der Seele berührten. Die Sichtweisen der kleinen und großen Künstler und Künstlerinnen sind unheimlich vielfältig und kreativ. Gemalt wurde aber auch mit Händen und Füßen, denn nicht jeder hatte freie Hände. Es war herrlich mit anzusehen, wie die Kinder und Jugendlichen mit viel Freude an die Arbeit gingen, von einem Tisch zum anderen liefen, sich mitteilten, ihre Bilder untereinander zeigten und bereit für Hilfestellungen waren, wenn jemand nicht weiterwusste oder nicht wusste, wie er beginnen sollte. Obwohl sie sich nicht kannten, konnten die Kinder und Jugendlichen eine eigenständige Beziehung zu Gleichaltrigen, Behinderten, Jüngeren und Älteren aufbauen. Jedes Kind und jeder Jugendliche hatte seine ganz eigene Persönlichkeit und Einzigartigkeit, jedes Kind erschien mir als etwas Besonderes. Kinder können beneidenswerterweise ihre Gefühle viel besser ausdrücken, als wir Erwachsene. Beim kreativen Arbeiten lernen Kinder und Jugendliche nicht nur Techniken fürs Malen, sondern es werden auch ihre Motorik und ihre Fantasie geschult. So können sie leichter ihre Eindrücke von der Welt und ihre Gedanken und Gefühle verarbeiten. Auch wird mit der Kunst versucht, das ästhetische Verhalten von Kindern zu entwickeln. Durch Integration und Inklusion wird mit künstlerischen Mitteln das Gestalten gefördert. Durch die eigenen kreativen schöpferischen Prozesse, das Selber-Tun, wird das Selbstwertgefühl der Kinder gestärkt. Sie fühlen, dass sie etwas in Bewegung bringen können.

Noch etwas zu mir: Ich bin leidenschaftliche Künstlerin mit Schwerpunkt Malerei, universelle Erforscherin des Lebens, der Materie, des Lichts und der Künste. Aus Hindernissen lerne ich, Schwierigkeiten spornen mich an. Die Liebe und der Frieden sind mein Weg und mein Gesetz. Mein Motto ist: Kunst ist nicht nur Leidenschaft, sie schafft Verständigung und Verbundenheit. Sie bietet Faszination und Begeisterung. Kunst gibt uns nicht nur Inspirationen, sie speichert Wissen, schafft immer wieder Neues und bringt Abwechslung. Kunst schafft Unterschiede, macht Freude und bringt Farbe ins Leben. Kunst und Kultur bieten eine Grundlage für Bildung.

Text: Ana Matt, Falkenstein; Foto: Engelbert Weiß

Leben - ein Spiel

Start!
Würfel fallen!

1. Station: Geborgenheit, Vertrauen, Hoffnung
Würfel fallen!

2. Station: Freundschaft, Leichtigkeit, Freude
Würfel fallen!

3. Station: Übermut, Pläne, Risiko
Würfel fallen!

4. Station: Zweifel, Schwere, Haltlosigkeit
Würfel fallen!

5. Station: Verantwortung, Zukunft, Vernunft
Würfel fallen!

6. Station: Leben, Liebe, Vergänglichkeit
Würfel fallen!

Ziel?

M. B., Regensburg

C'est la vie:

I.

Mit einem Jahr fast ertrunken.

Von Cousine gerettet worden!

II.

Mit fünf Jahren sechs Wochen Krankenhausaufenthalt in
Quarantäne. Dadurch Hospitalismus!

III.

Mit acht Jahren von der defekten Schaukel gefallen. Der
Holzbalken lag nur ein paar Zentimeter neben mir!

Mit elf Jahren vom Hausdach gestürzt.

Gott sei Dank nur leichte Verletzungen am ganzen Körper.

Mit 14 Jahren Fahrradunfall –

Nur Arm gebrochen!

Mit 15 Jahren Schwester und vier Freunde bei Autounfall
verloren!

Betrunkener raste in die Wandergruppe.

VII.

Mit 18 Jahren Gehirnhautentzündung

125

VIII.

Mit 19 Jahren als Beifahrerin Autounfall überlebt!

Mit 22 Jahren vom Ehemann vor dem Ertrinken gerettet
worden – Boot kenterte bei Hochwasser!

Mit 26 Jahren plötzlicher Tod des Vaters. Er war erst 63
Jahre alt.

Mit 35 Jahren meine 69 jährige Mutter verloren. Sie wohnte
bei mir im Haus.

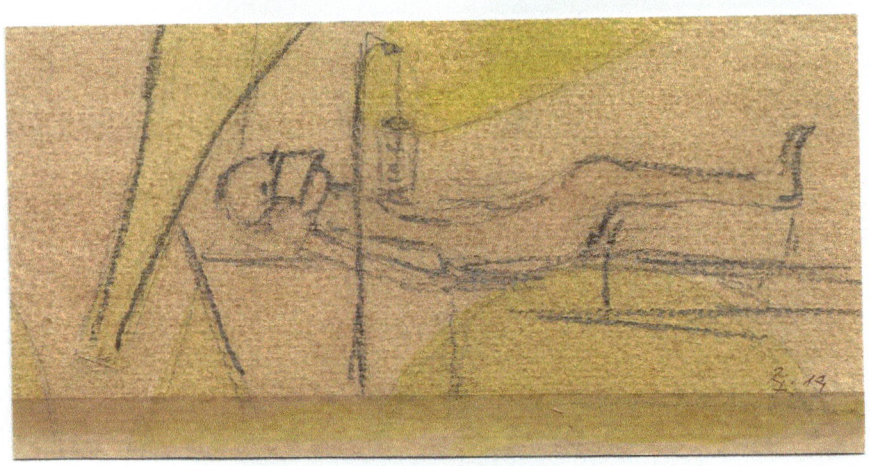

Mit 48 Jahren Narkosezwischenfall bei Varizenoperation

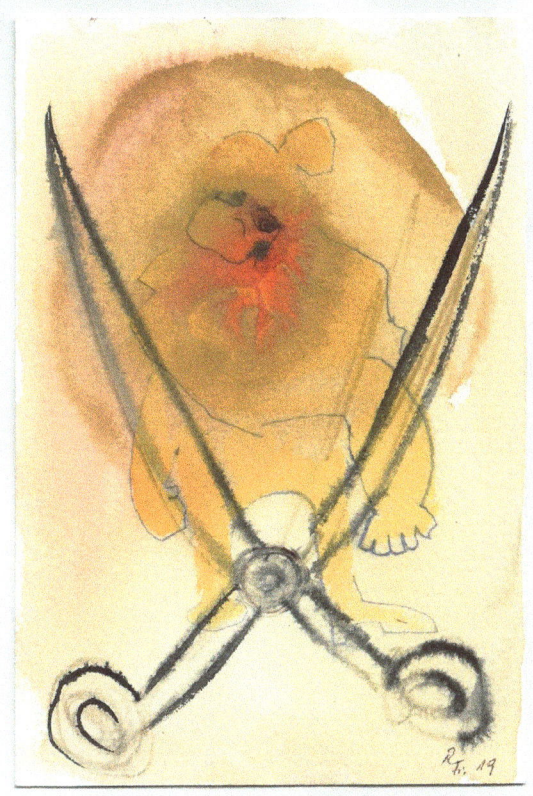

Mit 50 Jahren Brustkrebs

Mit 51 Jahren Skiunfall… unhappy tried knie!

„Und dann kamst Du…"

Denn:

Es ist immer wieder weitergegangen. Zwischen all den unglücklichen Ereignissen habe ich sehr viel Gutes erlebt. Einen lieben Mann geheiratet, drei wunderbare Kinder großgezogen, zwei gescheite Schwiegersöhne und eine schöne und kluge Schwiegertochter sowie drei hervorragende Enkelkinder erhalten, als Hebamme gearbeitet und sogar noch Kunst studiert.

Sicherlich überwiegen bei jedem Menschen die guten Zeiten und deshalb mein Motto:

„Ein Lächeln trage stets im Herzen.

Ein Lächeln trage im Gesicht.

Ein Lächeln alle Menschen brauchen.

Es nimmt dem Alltag sein Gewicht."

Renate Fillenberg

Jeder kann seinen Beitrag leisten

Uwe Ertl (links) und Karl Frimberger bei der Scheckübergabe in Altötting

Was hat ein nichtbehinderter Mensch mit einem Verein zu tun, der sich um mehrfachbehinderte Menschen kümmert? Das wurde ich oft gefragt, als ich nach meiner Pensionierung im Jahre 2008 dem Verein für körper- und mehrfachbehinderte Menschen (vkm Regensburg) beigetreten bin.

Die Floskel „der Gesellschaft etwas zurückgeben" scheint mir etwas banal zu sein. Aber trotzdem stimmt sie – irgendwie. Nach meiner Pensionierung als Leiter der Bundespolizeiinspektion in Nürnberg kam der Gedanke auf, etwas Sinnvolles in der nun „freien Zeit" zu tun. Neben anderen Ehrenämtern übernahm ich gerne eine Aufgabe bei dem Verein für körper- und mehrfachbehinderte Menschen, zumal dort eine Vision im Raume stand: Ein eigenes Reittherapiezentrum zu errichten.

Durch diese Aufgabe im Vorstand erhielt ich Einblick in die Aufgaben eines Vereins, der sich – ehrenamtlich geführt – um die Belange dieser Menschen seit Jahrzehnten kümmert. Da für dieses Projekt Gelder gesammelt werden mussten war schnell klar, dass dies meine Aufgabe im Vorstand sein sollte. Unter anderem erhielten wir vom Bayerischen Rundfunk (BR) eine Spende in Höhe von 7500 Euro, die ich als Repräsentant des Vereins in Altötting im

Jahre 2009 übernehmen durfte. Weitere „Geldübergabe-Aktionen" folgten und jedes Mal kam die Frage auf: Und Ihr behindertes Kind …?

Ich denke, es ist nicht zwingend erforderlich, dass jemand einen Verein unterstützt, nur weil er einen behinderten Angehörigen hat. Jeder kann seinen Beitrag leisten und viele tun das auch. Während meiner Zeit als Vorstandsmitglied habe ich erfahren, wie viele Einrichtungen sich um behinderte Menschen kümmern – und ich denke, jeder kann diese Einrichtungen, insbesondere den vkm, unterstützen.

Nachdem ich nun als aktives Vorstandsmitglied ausgeschieden bin (ich kümmere mich jetzt um Senioren in unserer Stadt), aber weiterhin Mitglied des vkm bin, wünsche ich dem Verein weiterhin die Energie und den Elan und auch die Unterstützung, die notwendig ist, die Vision eines Reittherapiezentrums Realität werden zu lassen.

Karl Frimberger, Regensburg

Sonnenstrahlen – Lebensfreude

Foto: Engelbert Weiß

Abendsonne auf Teneriffa

Respekt vor der Leistung – Danke!

Dem vkm gebührt großer Dank für 50 Jahre äußerst erfolgreiche und ambitionierte Arbeit im Sinne eines guten inklusiven Miteinanders in unserer Stadtgesellschaft.

Großen Respekt habe ich vor der Leistung, das genossenschaftliche Mammut-Bauvorhaben W.I.R – Wohnen inklusiv Regensburg gestemmt zu haben. Unter Beteiligung so vieler ehrenamtlicher Helfer ist es zu einem Leuchtturmprojekt über Regensburg hinaus geworden und zeigt, was Bürgersinn bewegen kann.

W.I.R. erscheint als Krönung einer langen Zeit, in der im vkm mit viel Energie und Erfolg darum gerungen wurde, die bestmöglichen Angebote zur Begegnung, für Kinder, Jugendliche und Eltern in Freizeit und auch Angebote zur Beratung auf den Weg zu bringen. Die Palette reicht unter anderem von Workshops, Reitkursen, Exkursionen, Radtouren, bis hin zu der nicht wegzudenkenden Beteiligung an den Kinder-Bürgerfesten mit dem allseits beliebten Ponyreiten und dem immer reichhaltigen Kuchenbuffet.

Herzlichen Dank Euch allen, den Vereinsmitgliedern und ehrenamtlichen Helfern für das Planen und Gestalten der zahlreichen für die Regensburger Bevölkerung hilfreichen Begegnungs-Initiativen.

Die besten Wünsche für die nächsten 50 Jahre und viel Ausdauer!
Ihr werdet gebraucht!

Renate Wienbreyer, Regensburg

Woher und wohin?

Fotos und Komposition: Engelbert Weiß